鲁桥村

山东村落田野研究丛书

张士闪 李松 总主编
张兴宇 著

山东大学出版社

《山东村落田野研究丛书》
编委会

总序

编纂一套山东村落田野调查方面的丛书，立意甚早。20 多年来，以山东大学为核心的山东民俗学团队，每年都会安排多次村落田野调查活动，许多博士、硕士学位论文也以村落为田野点，注重对田野材料的挖掘与分析，紧贴乡土作实证研究，迄今竟有百村之数。学术论文的阅读群终归有限，将这些辛苦得来的第一手田野资料，以写实的手法呈现出一个个真实的村落世界，向社会提供一份可信的国情资料，一直是我们共同的心愿。

2016 年夏，山东大学民俗学研究所与山东大学出版社共同策划、申报"山东村落田野研究"选题，并于 2017 年春被列入国家出版基金规划资助项目，夙愿终偿。我们从以山东村落为田野点的博士、硕士学位论文中遴选出 20 种，邀约作者遵循"深描村落生活，凸显村民主体，梳理乡土文脉，展现国情底色"的原则，进行改写或重写。为使这一原则不致落空，我们课题组密集举办三次小型研讨活动，达成如下共识：

首先，小中见大，述而见议。这套丛书所选村落虽然都在山东，但学术视野并不自我设限，讲究以小见大，寓学理于讲述之中，助推对于中国社会的深入理解。这需要作者秉持综合、开阔的学术眼光，既关注村落的历史脉络，涵括其驳杂的历史动态，又聚焦当今村民主体话语，反映村落的社会现实和未来走向。

其次，关注传承，着眼动态。在乡土社会发生剧变的当下，我们理应重新观察和思考作为人类最基本的生活共同体的村落，关注其自治传统的传承及组织机制，得出符合其自身历史实际和内在逻辑的阐释。村落描述，不应该成为乡村琐事的拼盘，也不是对于一个个村落凝固幻象的编织，甚至也

不应满足于立此存照式的一幅幅风俗画。我们深信，就在众多村落所呈现的异同之间，蕴含着中国基层社会的真正奥秘。

再次，村民本位，日常视角。坚持村落民俗志描述中的村民本位，摆脱那种将文人的文字传统视为"唯一性知识"的旧习，将村民日常使用更广泛的口述、物象、仪式等知识形式，放在至少是与文字同等的位置。我们深知，白纸黑字所代表的文字表达传统，仅仅是占社会总体人数很少的文人阶层所推重的一种特殊知识形式，而远非人类知识之全部。在乡村社会中尤其如此。将村落的历史、当下与未来贯穿起来的村民，在"过日子"中凝结而成的丰富知识形式，理应在村落民俗志中显现光彩。我们期望这套丛书出版后，不仅供学者研究、都市人阅读，还有村民愿看，甚至成为村落典藏。让乡土知识真正实现"从民众中来，到民众中去"，是我们最大的心愿。

新世纪以来，随着以全球化、都市化为特征的现代生活的迅速普及，乡土民俗的连续性、系统性、整体性已严重受损，曾作为中国社会主体的乡土村落正经历巨变。但无论如何，村落依然是中国传统文化的重要承载地，农民是绝不可轻忽的文化传承主体。当代学者的一项重要使命就是关注村落，将村落中的人、事、文化传统与生活现状等视为一个整体，通过深描村落社会运行的逻辑，阐释村民的生活世界及其赋予生活的意义之所在，并在此基础上对其组织形态、机制及变迁予以描述与推导，这对于理解中国乡村文化传承乃至整个中国社会大有裨益。我们深知：梳理中国村落的历史来路，叩问其从何而来；展示由形形色色民俗事象所构成的村落人文世界，理解现状与内在脉络；观察村落在现代化进程中的遭遇与新创，关注其向何处去——这应该成为村落研究介入当代中国社会发展、彰显乡村文化茁壮活力的基本向度。

一、中国村落研究传统

生于乡土，终老乡土，曾在漫长岁月中被绝大多数国民视若天经地义，这一社会事实本身即足以显示村落的意义。我们相信，"在村落中研究"（格尔兹语）的学术实践，在当今"世界史""全球史"风起云涌之际，不仅没有过时,而且不可或缺。毕竟,无论是重述"亚洲",还是重述"世界",我们仍要以乡土中国为立足点。

传统意义上的村落,自有其历史渊源与发育过程。村落社会的组织与运行,离不开稳定的民俗传统的传承。民俗传统既具有群体规约性质,又能为民众提供身份认同与人生意义,因而蕴含生机,常在常新。村落之为"问题",乃是19世纪末20世纪初,一批知识分子基于晚清社会之变局"眼光向下"的产物:一方面,受西方入侵影响,新的生产方式与经济结构已日益内嵌于中国基层社会,传统时代城乡互动的社会运行模式被打破,作为中国乡土社会基本单元的村落日渐萎缩,成为当时中国社会整体发展失衡状况的表征之一;另一方面,以"西学东渐"为背景而形成的革命性、现代性强势话语,逐渐渗入乡土社会,持续改写着村落发展的内在逻辑,造成了民间自治传统的失衡或断裂。[①] 以此为背景,乡土社会成为当时知识精英普遍关注与"拯救"的对象,村落则成为中国现代学术研究的重要单元。

诚然,学术活动不能没有研究单元的设计。20世纪上半叶,以费孝通、林耀华等为代表的中国学者,就注意选择村落或村寨为研究单元,并在其学术生涯中长期坚持,认为村落既是便利研究者做全面了解的较小的社会单位,又是反映人们社会生活的比较完整的切片。[②] 其中奥秘,恰如英国人类学家布朗所强调的,对于一个村庄进行细致入微的研究的意义在于——既要看到村落社区生活的某一个方面在整体的社会生活中的功能,也要看到这个村落本身的组成结构。[③] 钟敬文在1983年中国民俗学会成立的讲话中,将"搞民俗学当然着重在广大农村"当作不言而喻的前提[④],后又在不同场合多次表述,获得了国内民俗学界的广泛响应,乃至成为经典范式。20世纪90年代初,刘铁梁从民俗传承生活空间的角度,论述了村落作为基本研究

① 参见张士闪:《"顺水推舟":当代中国新型城镇化建设不应忘却乡土本位》,载《民俗研究》2014年第1期。

② 参见费孝通:《江村经济——中国农民的生活》,商务印书馆2001年版,第24页。

③ 转引自赵旭东:《权力与公正——乡土社会的纠纷解决与权威多元》,天津古籍出版社2003年版,第10页。

④ 参见钟敬文:《民俗学的历史问题和今后的工作》,载《钟敬文自选集》,首都师范大学出版社2008年版,第409页。

单位的意义，明确了村落研究在民俗学学科中的理论地位。[①] 时至今日，以村落为单元进行研究的学者仍为数众多，跨越民俗学、人类学、社会学、历史学、民族学、艺术学等学科。诚然，在国土广袤的中国，无论从事怎样的课题研究，从相对自成体系而又较小的村落生活共同体入手，自有其合理性，而且有望产生深厚的学术理论意义。更何况，村落研究还被赋予认知历史、立足当下、面向未来的重要使命。村落形态尽管一直处于或微或巨的变化之中，但它所塑造的文化模式与传统，在可预见的未来中国仍具重要价值，乃是不争的事实。

但与此同时，对于以村落为研究单元的批评一直不绝于耳。美国学者施坚雅的批评可谓尖锐："研究中国社会的人类学著作，由于几乎把注意力完全集中于村庄，除了很少的例外，都歪曲了农村社会结构的实际。如果可以说农民是生活在一个自给自足的社会中，那么这个社会不是村庄而是基层市场社区。"[②]在施坚雅的"市场圈"理论之后，又陆续出现了祭祀圈、婚姻圈、联村组织等研究范式，对村落研究模式予以拓展，努力将村落单元置于更大范围的区域社会脉络中予以理解。毕竟，村落社会并非村民的简单集合，村民生活也并非只与村落有关。自古及今，村民与村外世界联系的普遍性是无可置疑的。[③]

围绕村落作为研究单元的种种争论，有相当多的误解在内。比如：对于村落生活共同体的基本理解，是被动、静态，还是动态、开放？争论双方其实是基于不同的预设。村落研究，如果将村落理解为动态、开放的社区，就应该成为从村落出发的研究，以小见大地拓展个案研究的价值，而那种从较大区域展开的研究，如果将村落理解为被动、静态的社区，也不见得就一定贴

---

① 参见刘铁梁：《村落——民俗传承的生活空间》，载《北京师范大学学报（社会科学版）》1996年第6期。最近，他对此作了更明确的表述："村落被民俗学者视为田野调查的最佳场域，也是最基本的空间单位……民俗学把村落作为一个整体的小社会进行观察和分析。在村落中观察到的民俗文化事象，具有时空的限制意义。"（刘铁梁：《"深描"中国村落文化变迁》，载2017年7月10日《中国社会科学报》）

② ［美］施坚雅（G. William Skinner）：《中国农村的市场和社会结构》，史建云、徐秀丽译，中国社会科学出版社1998年版，第40页。

③ 即使在前现代化时期，村落本身也不可能像老子所说的"鸡犬之声相闻，民至老死不相往来"，如多村共用一庙、信仰仪式的村落轮值等。当代学界热衷于以"古村落""传统村落"等为研究对象，频繁使用"原生态""原汁原味""本真性"等概念，其实都是以将封闭自足视作村落的"典型"状态为预设的。

近了“农村社会结构的实际”。其中的关键，是对于乡村社区与村民主体之间互动关系的理解，而不在于所选择的研究单元的大与小。即便是规模不大的村落，毕竟也是民众多种力量共存的、活态的生活共同体。其实，在中国乡土社会研究中，真正让人遗憾的是对于村民主体性的轻忽或漠视，这是在上述研究模式中一直未能得到根本改变的死角。

二、村落研究，应聚焦民众主体

绝大多数的村落研究，往往将民众的文化笼统地归于“民俗”，似乎民众的文化生命是以“民俗传承”来丈量或维系的。厘清民众与民俗的关系，将有助于拨开笼罩在村落研究中的多重迷雾。民俗，究竟是民众自发的文化创造，还是基于“一二人倡之，千百人和之”的精英引领，抑或不过是国家大一统进程中“礼化为俗”的结果？细究之，上述三种观点虽都不免以偏概全，却也都道出了民俗的某一要义。若将三者统观，庶有助于对“民俗”乃至村落的理解。

首先，民俗的本质是民众主体的文化创造，自无可置疑。民俗传统，即民众在长期生活实践中，以约定俗成的方式促使某种价值规范发生从世俗到超验的升华过程。值得注意的是，这一升华过程绝不是一朝一夕所能成就，也并非一成不变，而是在民众生活共同体内部始终蕴含着多变的可能，呈现出活态性质。同时，再有力的国家行政运作，也无法随意篡改民俗传统或改变村落社会的民众主体性质。近年来对于当代村落的近距离观察，使我们更加确信：在当下新型城镇化的浪潮中，民俗传统不仅没有遁隐，而且变得更富弹性与多元。时至今日，某些村落的发展轨迹时显诡异，其“突然终结”与“奇迹再生”之现象让人大感迷惑。究其实，民众力量在社会剧变中的屈抑与释放当是理解这一现象的重要维度。

其次，自古以来，民俗的形成与发展均离不开知识精英的引领作用。我们在田野作业中发现，很多民俗传统一开始是作为事件应激之文化反应而出现的，如村落形成之初的生存所需、灾乱年头的秩序维持、太平时期的发展机遇捕捉等。这种因应激而形成的文化反应，不会随着事件的完结而迅即消失，而是沉淀、扩散到地方生活中，形成社会经验，此后又会在后发的事

件应激中被运用，最终磨合成一种社会行为模式。在应激事件、应激性文化反应与社会行为模式的互动过程中，离不开少数文化精英的有意识运作，并最终使之沉淀为乡土民俗。恰如“民俗”之作为现代学术概念，也是伴随着现代城市化的发展进程而为知识精英所发明并设置意义的。正像铃木正崇所说：“直到近代，‘民俗’与‘传统’在消灭和生成的间隙中得以发现。”①不过，少数知识精英的引领作用，从来是与其“适于时而合于势”的行为选择密切相关的。兹以地方志书中的灾荒记录为例予以简单说明。地方志书中总是凸显地方精英的非凡作用，比如为减税急赈而为民请命、订约立碑以控制社会秩序等，而将一方民众作为背景因素，至多以“民不聊生”“饥民四起”等语大略言之。这显然并非社会事实。实际上，精英的行为往往是受地方社会情势所激，其对于当时国家政治态势的估测，与对于地方民众心理的揣度，为其行为选择提供了关键性依据。但作为地方社会情势重要构成因素的民众，却在地方志书中被大大忽视了。

再次，中国很早以来就已形成所谓的“礼俗社会”，传统中国作为一个复杂社会系统，在民间生活与国家政治之间有着复杂而深厚的同生共存关系。纵观一部中华文明传承发展史，国家意识形态经常借助对民俗活动的渗透而在乡村生活中贯彻落实，形成“礼”向“俗”落实、“俗”又涵养“礼”的礼俗互动的政治框架。礼俗互动，既包括民众向国家寻求文化认同并阐释自身生活，也体现为国家向民众提供认同符号与归属路径。换言之，借助民俗文化的生机跃动，民间社会始终发挥着对于主流文化的葆育能力。以此为基础，在中国社会悠久历史进程中的“礼俗互动”，就起到了维系“国家大一统”与地方社会发展之间平衡的作用。② 国家政治与民间自治之间的互动关系，不仅形塑着社会组织的基本形式，也由此产生了社会生活层面的文化交织现象：“国家对村落的政治干预与民间自治之间有长期互动的历史，结果是形成了今天（家族村落）聚落联合体的基本组织形式。”③以此理解中国大地上的众多村落，庶有较通观的眼光。

---

① ［日］铃木正崇：《日本民俗学的现状与课题》，赵晖译，载王晓葵、何彬编：《现代日本民俗学的理论与方法》，学苑出版社2010年版，第3页。

② 参见张士闪：《礼俗互动与中国社会研究》，载《民俗研究》2016年第6期。

③ 刘铁梁：《传统乡村社会中家庭的权益与地位——黄浦江沿岸村落民俗的调查》，载《北京师范大学学报（社会科学版）》2001年第6期。

三、村民口述的意义

走进村落，不仅要关注“民生”，而且要体察“民心”，感受民众生活史与心态史的双重意义。面对民众的生活与文化，传统的学术工具似乎不那么灵光了。

比如，我们在村落调查中，经常有各种各样的困惑。为什么历史上的某一事件，会频繁地被村民表述，还被表述者加上了许多的发明和创造？不仅如此，看起来离“真相”越来越远的表述，反倒经常成为后人的话题中心，并在现世生活的裹挟下发生效用，而事件本身（即所谓“真相”）倒不见得重要了。还有，为什么是历史上的这一事件而不是另一事件，频繁地被这一地方而不是另一地方的人不断关注，并“折腾”出了这样的而不是别样的传统？有果必有因，有事必有人，民间自有其文化选择与传承的机制——没有关注，就不会有表述；没有关注和表述，就不会有传统的发明和创造。

显然，前者关注的是一种文化传承的线性历史，后者则关注其内在结构逻辑，耶鲁大学教授萧凤霞试图以“结构过程”[①]涵括二者。要想真正地解惑答疑，就必须在具体的区域社会空间中将二者结合起来，关注某一传统从过去到现在的建构过程与多元指向，并特别聚焦其主体表述。这一研究模式的策略是，一种传统在不同时代留下的表述有或微或巨之别，而就在种种表述的同异之中，蕴含着区域社会发展的历史脉络与内在逻辑。因此，我们的工作首先是挖掘各种表述，然后在各种表述之间寻找关联，总结民间叙事的特征，并在此基础上还原“社会事实”，建构逻辑关系。鉴于历史上官方、知识精英与民众的互动情形驳杂不一，我们今天所见的“传统”基本上都已经历过无数次改写，只是我们难以知情罢了，因此必须保持足够的警觉。这也意味着，我们在关注传统的线性历史脉络的同时，要特别关注地方社会中人的创造能力及创造逻辑。

用这样的眼光看，民间口述材料中所谓的“随意性”，不但不应是拒绝采信的理由，反倒要视为民间叙事乃至地方生活的应有特征，为我们解读历史

① 萧凤霞：《廿载华南研究之旅》，载《清华社会学评论》2001年第1期。

提供了一种相对稳实可靠的地方逻辑。一个人(当然也包括多人)对于同一事件的不同表述,既可以是基于生活状态与交流情境不同而形成的差异,也可能是他对事件表述的不同侧面的选择,还可能是他自身“觉昨非而今是”而有所改变的结果。叙事者,既是能动的个体,又会受到国家历史进程与地方社会发展格局的影响。更重要的是,国家历史进程与地方社会发展并不是作为人类个体活动的静态背景而存在的,而是通过无数个体的能动性活动才得以实现的。个体与群体的叙事及其他行为,对于地方社会发展与国家历史进程的推动作用,至今尚难以准确估测,但在它们之间存在着至为复杂的关联与互动关系,则毫无疑问。因此,民间叙事基于村落生活而呈现出的所谓“随意性”,不但不是田野研究的绊脚石,反倒蕴含着学术进步的契机,因为这是理解村民的历史观、价值观的必由之径。

村落中的民间叙事,还会努力保持与地方志、族谱、文人著述等文字传统的一致性。比如,它们都倾向于将本地区的历史与文明传统演绎得悠久古老,竭力与上古圣贤、神灵怪异建立关联,以贴近“人杰地灵”的叙事逻辑。显然,地方社会一直在不断地重新定义和建构自身传统的神圣与伟大,只不过官方和文人的叙事多以县境为单元,村民则多以村境为指向,官民之间经常发生的“文化合谋”即在此背景下展开。这与现代婚礼上对于恋人“缘分”的演绎,电视选秀者对其生平际遇的“赋值”等现象,如出一辙。其中的关键是如何建构叙事的合理性,以感染受众,并挟以自重。由此可知,执着于对民间叙事证实或辨伪的学者,既难以理解历史,也不能洞悉民众智慧。

村落研究,是不能不将历史学与民俗学、人类学的研究方法加以综合运用的。就村落史研究的学科传统而言,历史学追求历史真相,其研究注重证实或辨伪,而民俗学、人类学则关注民众如何记忆历史,以及为什么这样记忆历史。村民的历史记忆可以是虚构的、附会的、可改变的,因为它指向的是意义。比如,在山东各地的移民传说中,潍水以西大都说是来自山西洪洞大槐树(有的强调是由河北枣强中转而来),潍水以东的胶东半岛则普遍流传着“小云南移民”的说法。虽然众口一词言之凿凿,但在历史上不可能村村如此。然而,人们还是将传说演绎为一种显赫话语,争相讲述、争论与传播。在争来说去之间,这一传说就被广阔地域的人们演绎为一种有意义的历史记忆,衍生出文化认同、精神安顿等现实意义。克拉克认为:“人类学者一向比社会学者和历史学者对于历史意义的重要性更为敏感。和'什么事实际上发生过'同样重要的,是'人们以为发生过什么样的事',以及他们视它有多么重要的。"①真正的村落研究,不仅是在为包括历史学在内的多种学科提供民众口述资料,其实还有更为重大的使命,就是挖掘和呈现民众生活实践中的文化创造及其价值建构。遗憾的是,后者至今仍为包括民俗学者在内的众多学人所轻忽。

四、以学者与村民合作的民俗志书写方式,推进当代村落研究

近年来学界劲吹"田野风",进入村落成为时尚。特别是有老建筑遗存的古村,学人更是纷至沓来。热衷于进村者,并非都出于对村落价值的珍视与对村落发展的关怀,但对村落的影响却是强大而持续的。在这一切的背后,是国家战略聚焦乡村,社会资本涌入乡村,乡村成为当代社会的"宝地"。

历史告诉我们,乡村社会的良好发展是国家长治久安的基础。不过,在此时此刻,如下追问也许并非多余:我们真正了解我们匆遽进入的乡村吗?我们所理解的、要保护的乡村文化生态是自然真实且可持续的吗?我们的意愿也是生于斯长于斯的众多父老乡亲的愿望吗?这方水土会因我们的进入而更加美好吗?须知,在"现代化发展"这一庞然大物面前,乡村自然与人文生态系统是何等脆弱,而乡村所积淀的传统智慧对于人类未来发展则弥足珍贵,任何人、任何力量都无权损之毁之。广阔的农村天地首先需要被准确认知,然后才有可能"大有作为"。面对村落,如何才能更好地认知、更深入地理解与更准确地描述呢?

就本套丛书的众多作者而论,虽然早先在博士、硕士学位论文的写作过程中,已对村落有相当了解,但受到学位论文写作时间的限制与研究能力的制约,其村落民俗志描述少有村民的内部视角。我们期望在这套丛书的写作中,通过学者与村民的深度合作,尽量多地呈现二者的不同视角,尽

① [美]克拉克(Samuel Clark):《历史人类学、历史社会学与近代欧洲的形成》,贾士蘅译,载[加]玛丽莲·西佛曼、P. H. 格里福编:《走进历史田野——历史人类学的爱尔兰史个案研究》,(台北)麦田出版股份有限公司 1999 年版,第 386 页。

量多地留存鲜活的乡土气息。

1. 对于村民的内部知识，不妄加评论，而采用现象描述的方式，呈现真实的民众心态。

初入田野者，最常见的毛病便是盲从自己的知识"先见"，乍见村落种种现象，就匆匆忙忙做类型区分和价值判断。比如，对于村民信仰活动，或要评判是否迷信，或要区分是道教还是佛教。这样的知识"先见"，其实是基于对中国社会的肤浅理解。看似荒诞不经的言行，往往背后蕴含着民众的真实心态，是解读村落心史的难得资料。本套丛书中《胡集村》一书的作者王加华，曾携初稿进村交流。村民以当地说书前惯用的几段开场白①为证据，坚持认为本村起源于春秋时期，已有2000多年历史。这一说法无疑是非历史的，却正反映了村民希望将本村历史拉长与神圣化的真实心态。作者最终定稿时，对此就没有予以简单地抹杀或揶揄，而是在列举地方志书中的"明初立村说"之后，呈现村民的"春秋立村说"及其依据，同时保留村民的其他说法，这无疑是确当的。

当然，在学者与村民的交流中，也会有村民揣摩学者意图而对村落内部知识加以改装，往学者这边贴靠。这既与现实生活中学者话语的强势地位有关，也表现出村民对外来话语(包括学者)的利用心态，后者尤其值得注意。一些有见识的村民，一旦察觉到学者话语有助于所在村落的"增值"，往往就会抛弃己见，欣然赞同学者的说法，甚至热心地帮助寻找证据。虽然这也是村落知识增长的一种方式，但目前却还处于不稳定状态，需要将之与村落中比较稳定的知识范畴相比照，否则，我们对村落的理解就不免浮光掠影。

2. 丛书最后特设专章"村里的人　村里的事"，附录"重要民俗资料提供者简介"与村民所用文献，以凸显村民的主体叙事视角。

"村里的人　村里的事"专章的设计，意在以词条单列的方式，突破传统村落民俗志书写的静态幻象，在以事带人的生动描述中展现村落中的特

① 胡集书会汇聚南北说书人，常用的开场白有："道德三皇五帝，功名夏后商周，五霸七雄闹春秋，顷刻兴亡过手。""孔夫子周游列国，子路沿门教化。柳敬亭舌战群贼，苏季子说合天下。周姬佗传流后世，古今学演教化。""扇子一把抡枪刺棒，周庄王指点于侠。三臣五亮共一家，万朵桃花一树生下。何必左携右搭。"

色文化。要想做到这一点并不容易。如张士闪和张帅在完成《洼子村》一书初稿后，曾专门回村细读给 7 位老人听，在热烈的讨论交流中，重新审视或矫正书中的原有观点。有村民尖锐地提出，原书稿过于突出巫婆神汉、善人及其信仰活动①，应该为本村烈士、支前英雄“树碑立传”，突出“教师村”的形象，并提供了相关资料。我们据此进行调整，新增“教师村”“红色记忆”两个词条，与原有的“公事总理”“礼仪人家”“善人”等并置相映，就明显合理多了。这一修改书稿的过程，其实是学者与村民的两种叙事风格的并置与互动的过程，由此形成的村落民俗志自然会较前丰厚许多。

重要的民俗资料提供者，通常属于村民心目中“会看事”“会办事”“会说话”的人，经常代表村民向外人表述“村落文化”，其话语当然也会经过其自身的选择、加工而具有个人色彩。我们需要进一步观察，大多数村民会认同他作为村落文化代言人的角色吗？不善于对外人表述的大多数村民，如何评价他的话语？学者的到访，是促成了村民对其话语的接受还是相反？这些都需要格外留心。书后所附“重要民俗资料提供者简介”，意在呈现其个人基本信息，供读者进一步了解与思考。

书后所附的村民文献，与学者所撰写的正文文本形成有趣对比。学者与村民之间，注意点不同，知识储备、思想局限有别，而对村民村事的价值预设也差异明显。比如，围绕同一个村落的民俗志表达，学者所感兴趣的是如何呈现其所理解的“村落”，往往是看了地方志、地图、家谱、碑记等以后，再去跟村民交流，有时候还会事先阅读相关论著。当今学者还会特别看重祠堂、庙宇、信仰仪式、巫婆神汉等，认为这代表了地方文化生态的完整性。对于村民而言，村落则是他们身在其中、终身归属的“家园”。曾记得在 2002 年，洼子村的几位村落精英接受村委会布置的一项任务，要向外来民俗专家介绍村落文化，他们将之分解成“村志”“民俗概况”“文化教育概览”三部分，分别撰文描述。显然，他们将“村落文化”理解为历史、民俗与“高层”文化（并视为本村的特色文化）等三大层面，这一分类颇有见地，对于我们今天理解村落及民众心态仍具启发性。

长久以来，中国乡村社会经过反复的礼俗教化，形成了基于农耕经济

---

① 张笃杰：“看了这书，外人还以为洼子村就知道整天烧香拜佛呢！”张笃杰，山东省淄博市淄川区罗村镇洼子村人，长期担任中小学教师、校长，现退休在家。

的社区共享传统，它以乡村公共利益的高度共享来实现乡土社会秩序的长期稳定，以社区节庆、生活礼仪、生产互助、乡规民约、信仰仪式等民俗传统为传承载体，构建起中华文明绵延不断的社会基础，也是支撑当代中国乡村可持续发展的重要文化资源。当代学者应服务当下中国社会发展的现实需求，扎根村落，深入传统，以此为基础提炼研究方法与理论，建构田野研究的中国话语。我们这套丛书愿意在这一学术方向上进行尝试，抛砖引玉。

最后还要说明的是，这套丛书写作时间正值暑期，尽管各位作者都有博士、硕士学位论文的研究基础，但因丛书定位所强调的视角转换，需要大量的补充调查，有的干脆是返工重做。今夏大热，感谢各位作者不避酷暑，按时完成撰写任务。因时间匆遽，本套丛书不尽如人意之处，敬请读者诸君批评指正。

张士闪

2017年8月31日

前言

中国民俗学之父钟敬文先生曾言：一粒麦子，种在地下，在适当的条件下，生根、发芽、开花、结果，收获的不是一粒而是很多粒麦子。以村落为基础单元的田野作业研究范式历来是民俗学领域关注的焦点。这些散布于乡土社会的村庄聚落恰似播撒在广袤中国大地上的一粒粒“麦子”，而乡民则在其匠心经营的一片片田地中耕耘收获，并勾勒着属于他们村落的生活图景。就此而言，家乡民俗学往往被学界视作一种具有连贯性的学术传统，它通常也是民俗学人展开村落田野研究的重要起点和关键支撑。

这本小书的主题是关于一座乡间石桥与村落民众生活的田野民俗志研究。早年我在山东大学攻读硕士研究生学位期间，曾于校园内的文史楼民俗学资料室仔细阅读过一本名为《境界与象征：桥和民俗》的著作。该书的作者周星教授，用细腻的笔触描绘了中国乡间各式各样的桥俗及其与民众日常生活的关联。而他在书尾也直抒胸臆地表达了写作此书时的一大遗憾，即没能围绕某座具体的桥去展现或揭示它所有的文化信息，进而解析其意义，探讨其何以会有如此多层文化积淀的根源。与此同时，在我的家乡鲁南枣庄地区，一座名为“鲁封桥”的古代石桥和一个名为“鲁桥村”的平原村落引发了我的研究兴趣。

及至后来，当我走入鲁桥村进行更为深入的民俗学田野调查时，透过乡民朴素的话语表达，我愈加感受到鲁封桥对于村落民众生活的丰富意义之所在。鲁桥村位于滕、薛之交，东临鲁南名山奚公山，西依古薛河水，是薛城区北部一个看似普通的平原村落。但恰恰由于鲁封桥的存在，它滋养、塑造了与众不同的村落生活传统。可以说，鲁桥村与鲁封桥之间，村以

桥名，桥因村显。数百年来，这座不能言语的石桥，在村落演变进程中始终勾连着地方民众的日常生活。

事实上，石桥由人建，由人修，由人走，它归根结底是一种为乡民提供生活服务的物化载体。石桥虽无言，但村落中的民众可以言语，鲁桥村至今仍流传着一系列与鲁封桥相关的民间传说和故事。当然，它在村落日常生活中长期发挥着经济、社会等方面实际功用的同时，还兼具仪式、信仰等文化象征作用。岁月在流逝，传统在游走，如今石桥与村落之间不曾剥离的互构关系正悄然发生着变化，展现给外部世界的则是一幅纵横交错又五彩斑斓的村落生活民俗景观。

张兴宇

2017 年 9 月

山东省地图
德州市
滨州市
东营市
烟台市
威海市
济南市
淄博市
潍坊市
聊城市
泰安市
莱芜市
青岛市
济宁市
菏泽市
临沂市
日照市
枣庄市
渤海
黄
海
图例
省行政中心
设区市行政中心
省界
未定省界
设区市界
比例尺 1:4 000 000
审图号：鲁SG(2017)098号
山东省国土资源厅 山东省测绘地理信息局监制 山东省地图院编制

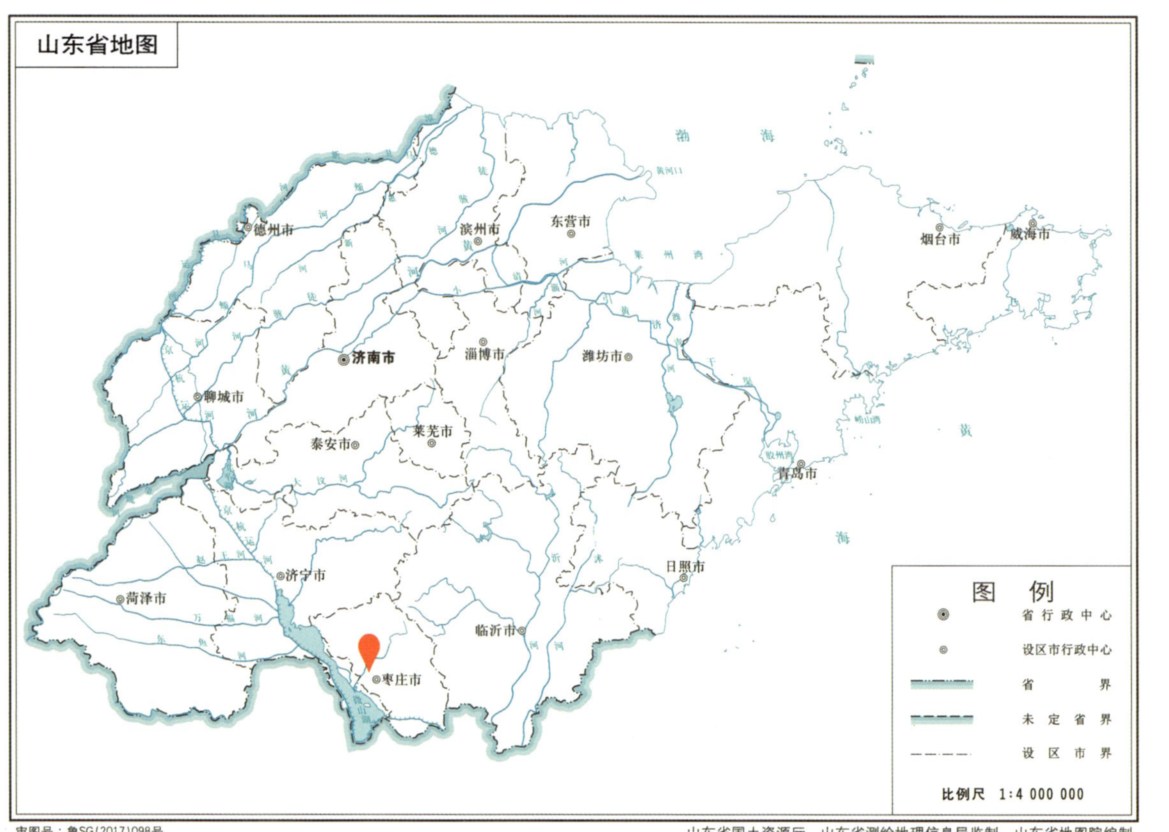

鲁桥村地理位置示意图

目录

第一章 山水之间一古村

自古以来，依山傍水之地，素为文人雅士所青睐。乡土田野的旖旎风光，恬淡闲适的生活节奏，通常被古今中外的文人墨客描绘成人们对美好生活的最初向往。无论是中国田园诗人陶渊明笔下“采菊东篱下，悠然见南山”的经典诗篇，还是美国哲学家梭罗在瓦尔登湖畔的超验沉思，都透露出了他们对自然山水的人文关切。有人说，“一方水土，养育一方百姓，孕育一方文化”。也有人说，“靠山吃山，靠水吃水”。正是在这山水之间，人类文明得以生生不息，代代传承。

在中国传统乡土社会，村落作为广大乡民赖以生存的基本地理空间，承载着重要的经济、政治、社会和文化功能。纵览鲁南枣庄一带的乡村地区，虽不曾见得名山大川，但散布于其间的丘陵缓坡、细流弯河等自然景观，亦无形中浸染着当地独特的乡村民俗风貌。据地方文献记载，迟至明朝末期，鲁桥村的先祖们决定搬迁至奚公山下、古薛河畔的平原土地上定居生活。虽然这只是一片再普通不过的黄土地，但乡民内心对其始终充满着敬畏之情。数百年来，鲁桥人默默躬耕于沃土之上，承继祖宗家业，不断繁衍生息；他们以务农为本分，勤恳有余，共同孕育了这一普通却不平凡的古村落。

一、土地胜黄金

鲁桥村，又名“鲁封桥村”“芦桥村”。该村位于山东省枣庄市薛城区陶庄镇西 7.5 公里处，距离薛城区政府所在地约 7.8 公里。从地理形貌上看，鲁桥村所在的薛城区地处黄淮冲积平原，境域地质构造属华北鲁西隆起区南缘，同时南连黄淮地区。薛城区的整体行政版图类似菱形，地理坐标跨东经 117°9′2″至 117°28′41″，北纬 34°37′35″至 34°56′38″，其中南北最大纵距约 35 公里，东西最大横距约 29 公里，总面积约 423 平方公里。该区全境地貌类型主要包括低山丘陵、湖滨洼地和山前平原三种，整体地势东高西低，且向西南方向倾斜，西部为滨湖地带和运河流域。山水相间是薛城区自然地理风貌的代表性特征。其中在该区境东北部和东南部有千山和圣土山两条绵延山脉，总计 137 个丘陵山头，平均海拔为 68 米。薛城区河流众多，境内分布着蟠龙河、大沙河、古薛河等 17 条主要河流，总长达 175 公里，归属淮河流域京杭大运河水系。这些河流多发源于该区东部山地，河流为东—西或北—南流向，最终汇入微山湖和京杭大运河。薛城区作为山东省的南大门，西临济宁市微山县，北与滕州市相连，从东北至东南方向依次与山亭区、市中区及峄城区接壤。《滕县志》中曾载诗云：“薛北滕南几问津，远山如画黛眉新。”①鲁桥村恰好处于薛城区和滕州市的西北交界地带，它是鲁南地区典型的平原村落。

鲁桥村目前属于薛城区陶庄镇下辖的 30 个行政村之一，其行政区划管辖权经历多次变化之后，方才形成今日较为稳定的格局。从历史沿革来看，鲁桥村所在的薛城区发展历史悠久，文化底蕴深厚。早在夏、商、周时期，薛城即为古薛国腹地，到西汉时境域分属鲁国薛县、沛郡广戚县、东海郡新阳县和郡阳县管辖。隋至清代，薛城长期隶属于滕县（曾名“蕃县”“滕阳”）和峄县（曾名“丞县”“兰陵县”）二县管辖。民国期间，薛城区划不断调整，总体一直归滕、峄、沛三县分治。抗日战争时期，薛城属地曾短暂设置临城县。中华人民共和国成立后，其属台枣新区，1950 年属滕县专区。1952 年 9 月，临

① 道光《滕县志》卷十三《艺文志》，清道光二十六年（1846 年）刻本。

城县改称“薛城县”。1956 年，撤薛城县并入滕县、微山县。一直到 1962 年 6 月，取薛国故城之名，正式建置为枣庄市薛城区。2004 年，枣庄市政府搬迁至薛城区驻地，薛城成为新的政治中心和文化中心，区名沿用至今。而历史上陶庄镇所辖地区，长期分属峄县和滕县两地管治。直至 1962 年，地方政府决定成立陶庄人民公社，并将陶庄公社划归枣庄市薛城区管理。1984 年 5 月，正式更名为“陶庄镇”。[①] 陶庄镇早年因煤炭而兴，距今已有 300 余年的煤炭挖掘历史。作为鲁南地区最早的煤炭工业基地，陶庄镇煤化工产业相对发达，地方财政收入和农民人均纯收入曾长期位居全市乡镇前列。该镇地处枣庄、滕州和薛城的经济腹地，同时也是枣庄市镇区规模最大的乡镇，近年来逐渐发展成为本区域十分重要的人流和物流中心。

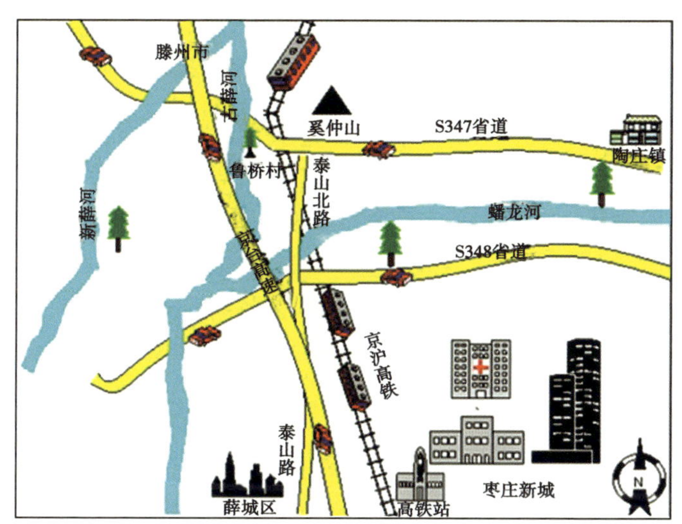

鲁桥村地理空间区位图

在 2001 年之前，鲁桥村所在的古薛河流域曾长期隶属于夏庄乡管辖。1984 年 5 月，薛城区对农村进行体制改革，撤销了 13 处公社，建立 5 镇 8 乡，其中原西仓公社改名为“夏庄乡”。夏庄乡总面积约 35 平方公里，下辖 32 个自然村，乡境范围内有枣滕公路和滕薛公路穿境而过。主要有两条河流流经该乡，其中蟠龙河为自东向西流向，古薛河为自北向南流向，二者在乡境

① 参见刘秋增、孙其海主编：《山东强镇名村志 2002》，山东省地图出版社 2002 年版，第 432～433 页。

南部交汇最终注入微山湖。夏庄乡东北部为丘陵地，适宜发展畜牧业。得益于当地四季分明的自然气候，夏庄乡农业和林果业较为发达。该乡辖区范围内属暖温带亚湿润季风气候区，是我国南北气候过渡带。夏季高温多雨，冬季寒冷干燥，春秋季多大风。当地年平均降水量为750～950毫米，是山东省降雨量最充沛的地区之一。其中年平均日照约为2005小时，历年平均气温为14.5℃。1月份气温最低，平均气温为零下1.8℃。7月份气温最高，平均气温为26.9℃。相对宜人的气候优势，为当地发展林果业提供了重要支撑。据鲁桥村村民讲述，夏庄乡曾是薛城地方特产临城蜜桃的重要产出地，当地村民在过去曾大面积种植。乡境南部和西部为山缓平原，适宜种植小麦、玉米、棉花等农作物。而且，夏庄乡矿产资源比较丰富，主要盛产煤、砂、铜和石灰石等原材料，其中煤炭也曾是当地重要的工业收入来源之一。2001年，地方政府推行撤乡并镇的管理政策，位于陶庄镇西的夏庄乡被撤销乡级编制。之前由夏庄乡管辖的鲁桥村等32个自然村落也被划入陶庄镇统一管理，编制延续至今。尽管鲁桥村在近现代以来经历了多次行政管辖单位的迁移变化，但对生活在村落中的大部分村民而言，实际上并无太大影响。

如果从空中俯瞰，鲁桥村的整体村落布局被分割成了一个形似等边三角形的狭长区域。与周边村落相比，鲁桥村显然占据着一定的交通区位优势。鲁桥村村北面紧邻S347省道(原枣滕公路)，京沪高铁(枣庄段)沿村东面农田穿越而过，村西面不足500米即是西北—东南走向的京台高速公路(G3)，村南面是一条连接后湾村和千山村的东—西向宽阔乡道。从地理实体空间看，鲁桥村东部和北部被大片农田包围，属于一个山水相间的平原村落。该村村东面约1000米处是有着“千山胜地”之美誉的千山山脉，鲁桥村村民称其为“千山头”“青山头”“东山”。据清光绪年间《峄县志》记载：“自此而西，层峦复岭，横绝南北，遥与蒙、峄诸山相接，即世所谓千山头也(俗讹为青山头，皆滕境)。”[①]哺育了众多薛地子民的古薛河支流纵贯南北，紧沿鲁桥村村西蜿蜒流过。以鲁桥村为中心，在该村周边还零星散布着其他几个面积不等的平原村落。鲁桥村南邻奚村、吴村，西面与后湾村隔河相望，北靠

① 赵亚伟主编:《峄县志》卷五《山川》，线装书局2007年版，第73页。

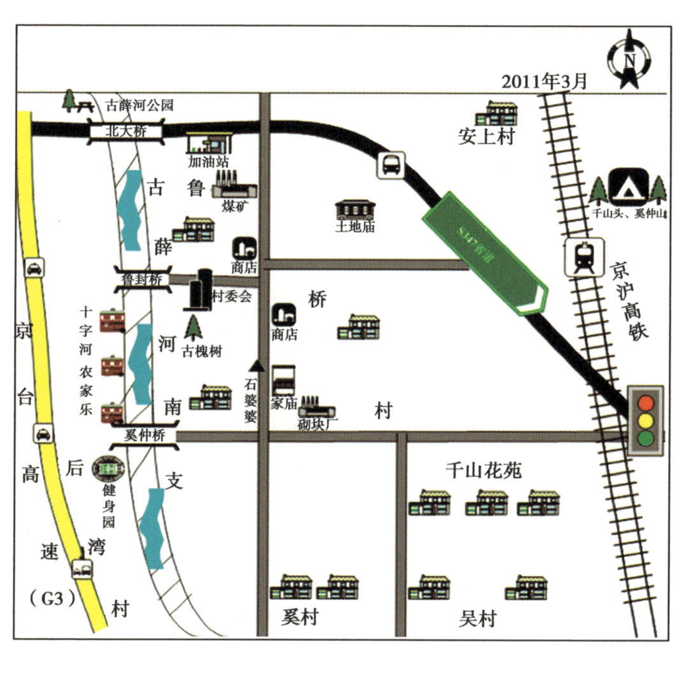

鲁桥村村落平面示意图

滕州市所辖的沙庄村，东面与安(庵)上村接壤，村东南方向为千山新村。相比较而言，鲁桥村的村落面积和人口规模远高于附近几个村庄。截至2011年，鲁桥村全村共有356户，总人口为1458人。鲁桥村是一个典型的主姓村，其中张氏家族人数占全村总人数的80%以上。此外，该村还有赵氏、郭氏、孙氏和高氏等少数家族成员散居于村落中。鲁桥村村庄总占地面积约为0.3平方公里，耕地面积约为1100亩，人均实际耕地面积约为0.6亩。[①] 而据《枣庄总览》统计资料记载，1991年时，鲁桥村总人口为1392人，耕地有1073亩，人口皆为汉族。当时该村有高中生57名、初中生324名、小学生344名。村民的收入来源以农业为主，主要种植小麦、玉米、大豆、棉花等农作物，村西有150余亩水面可供养鱼。时年该村粮食总产量为730吨，人均收入为680元。[②] 总体看来，由于国家持续推行稳定的农村土地承包政策，鲁桥村最近二十余年在人口增长和耕地比重方面并未发生太多变化。以务

① 以上资料来自鲁桥村村委会政务公开栏，公开内容为2011年鲁桥村村务资料。
② 参见《枣庄总览》编纂委员会主编：《枣庄总览》，新华出版社1992年版，第372页。

农为主的单一生计方式，使得该村村民的整体生活水平曾长期在温饱线上下徘徊。

村庄麦田

在鲁桥人眼中，土地始终是他们的“命根子”。上了年纪的鲁桥村村民常说，“庄稼之人不得闲，面长黄土背朝天”。对于他们而言，土地是上天最好的赐福。拥有土地，村民们也就有了生计依靠。过去当地整体农业生产技术水平相对较低，村民在大多数情况下要“看天吃饭”。影响农事收成好坏的自然灾害类型主要包括旱灾和洪涝灾害两类，有些年份，村民也会遭遇冰雹、干热风等自然灾害，但相对较少。鲁桥村所在的枣庄地区，自古便有“十年九旱”的说法，但一般多出现阶段性干旱，持续时间不长。每年的春季、初夏和秋季均容易出现短暂的干旱问题。干旱在平原地区平均一年一遇，丘陵山地则可能多达一年三遇。由于鲁桥村村西紧邻古薛河支流，基本常年保持水流不止的状态，村民享有天然的用水便利条件。而且，因天气极端干旱导致河水断流的情况比较少见。据鲁桥村村民回忆，在最近50年间，村西的河流仅发生过一次完全断流的极端情况。所以即便在普通年份遇到小型的区域性旱灾，鲁桥村村民的日常农业用水一般不会受到太大影响。但暴雨形成的洪涝灾害则对鲁桥村产生了深刻的影响。当地的暴雨洪涝灾害多发于夏季六七月份，特别是突发性暴雨，由于短时降水量极大，容易引发洪涝灾害。鲁桥村所处的“千山头—古薛河”区域地理范围内，总体地势

东高西低。如若在夏季遭遇极端暴雨天气，从村东千山头积蓄的大量雨水沿着山沟河道下流，往往会形成短时洪流。这些水流自东向西最终汇入鲁桥村西的古薛河，一时间导致河水水面大涨。当水势过大时，还可能出现河水内灌的恶劣情况，给村民的生产生活造成严重损失。突发性洪水不仅使鲁桥村整个村庄变得"沟满河平"，甚至还会波及村南面一部分地势低洼的农田，村民种植的庄稼也会被洪水悉数淹没。历史上鲁桥村曾不止一次发生过"水没全村"的洪涝灾害，而这也使得鲁桥村村民养成了较强的"水患"意识。因为老一辈鲁桥人大多经受过饥困挨饿的穷苦日子，解决温饱问题曾是他们长期不懈的追求。村民们认为，只要手中始终握有土地，庄稼人就不乏继续生活下去的动力。土地满足了村民的日常生活所需，是他们扎根乡土的定心丸，具有无可比拟的重要地位。如村民张文平所讲：

> 像俺们这些老百姓，离开了土地哪能行呢？有句土话说："手中有粮心不慌。"可你想想这粮食是从哪里得来的啊，还不得靠这一亩三分地！都说人勤地不懒，庄稼人就得靠这个土地过活。关键时候，这土地都胜过黄金。为什么这么说？你说万一碰到个灾荒年代，如果平民老百姓手上没有从土地里收来的那点存粮，他有再多的钱又管什么用呢？在要紧时刻，粮食可是能救命的。所以现在俺们村的老百姓，无论每年卖多少粮食，也得在家中留上一大缸存粮应急。和附近几个村庄比较来说的话，鲁桥这个庄子土地还算是比较多的。庄子西边有条薛河，所以浇地也不成问题，每年庄稼的收成还不错。①

鲁桥村地处广袤的滕西平原，雨水充足，土壤较为肥沃，适宜发展农业和林果业，而这也曾是该村村民日常生活的主要生计来源。直至20世纪80年代，在鲁桥村所属的夏庄乡一带，煤矿、铁矿、水泥等工矿产业得到了快速发展，这为附近长期从事农事劳作的村民提供了更多的就业选择。鲁桥村一部分青壮年劳动力开始走进工厂做工，村民生活水平也随之有了很大程度的提升。而在20世纪90年代之前，鲁桥村还曾设有一处交易集市，供村民购买日常生活所需。集市日期定在农历每月的二、五、七、十日，十天四次，一次半天。一部分鲁桥村村民在集市上经营日常百货和饮食加工的小

---

① 被访谈人：张文平，男，73岁，鲁桥村村民。访谈时间：2012年1月20日。访谈地点：鲁桥村。访谈人：张兴宇、朱明。

生意,从中赚取微薄利润,补贴家用。可以说,“土地＋工厂＋集市”的独特劳作模式在一定程度上奠定了鲁桥人相对“富足”的村落生活基础。当然,这里所谓的“富足”生活水平只是相较于周边村落的民众生活状态而言,当时大部分鲁桥村村民的生活水平基本能够维持在自给自足的温饱线之上。毕竟单纯依靠种植粮食作物所获取的农业收入实在有限,在 2003 年国家统一取消农业税之前,鲁桥村村民每年还需根据家庭人口数目缴纳数量不等的公粮税费,村民负担较重。不仅如此,当地煤矿、水泥等工厂所吸纳的劳动力人员数量,较之于庞大的农村人口基数仍显得捉襟见肘,而且工资并不高,所以大部分村民平时还是以种地为主业。可惜好景不长,到了 20 世纪 90 年代中期,鲁桥村集市又被地方政府搬迁到了村东的千山脚下。原有的鲁桥村集市被取消,这也大大影响了村民生活水平的进一步提升。在此后很长一段时间内,鲁桥村整体经济发展状况呈现出明显的衰落态势。

村民的土地证

近年来，鲁桥村集体经济发展水平已经远远落后于周边村落，人均年收入为6000～7000元。虽然传统农耕文明的消退与新兴工业文明的兴起对鲁桥村的确造成了一定影响，但伴随着改革开放和社会经济转型政策的推进，鲁桥村的整体经济社会发展状况并未发生太多改观。与邻近的后湾村、奚村、吴村、安上村和千山村等村庄相比较，鲁桥村集体经济基本处于停滞不前的固化状态。鲁桥村村务公开栏相关数据显示：2011年，村集体总收入为3.8万元，总支出为3万元，村集体总产值并不高。村中现有商店4家、卫生室1所、幼儿园1家、废弃养猪场1处、砌块厂1处，但这些资产均属村民私人所有，村内几乎没有什么集体资产。在近几年陶庄镇政府组织的镇域内30个行政村各项村务量化数据评比中，无论是从经济实力看，还是在计生工作开展情况等方面，鲁桥村各项数据经常性地徘徊于倒数第一的位置，其也顺理成章地成为了当地知名的数据评比"倒数村"和经济"贫困村"。这种停滞不前的发展情形，也使得鲁桥村村民更加渴求本村的集体经济状况能够早日有所改观。如村民说：

> 我们村可以说是当地有名的倒数村了。现在都没人热心管理了，越弄越倒退。能出去的年轻人都出去了，村里剩下来的都是一些老弱病残。咱村民谁不想把日子过好一些呢？大家都是这么想，越过越好，越过越红火。但有些人还是懒，不愿意出力，光想着不出力而挣大钱，这对咱平民老百姓来说可能吗？不太可能的事啊！咱们又没有太高的文化，一般就是做个小买卖。再一个呢，工矿企业这几年效益也不怎么好，这也是事实。村里的事主要还在于有人管，管的人必须要有一颗公心才行。村里的事情复杂着呢，各种大事小情都得有人操心，一般的人没那个工夫和精力。①

不仅如此，近些年来鲁桥村村庄"空心化"和"老龄化"现象愈加严重，村民的"土地观"随之发生了些许变化。受困于农业种植成本不断增加，土地无法为村民提供更多的经济产出，农业收支状况难以平衡，鲁桥村青壮年村民逐渐不再把农业作为家庭增收致富的主要依靠手段。加之20世纪80～90年代以来我国社会主义市场经济大潮对农村社会的多轮冲击和影响，城

① 被访谈人：张某谋，男，68岁，鲁桥村村民。访谈时间：2012年2月3日。访谈地点：鲁桥村。访谈人：褚强。

镇化、城市化进程的加快也吸引更多的农村劳动力开始走出乡村，走进城市。鲁桥村村民显然也受到了这股“市场经济大潮”的影响，越来越多的中青年劳动力选择离开村落，前往县城或者是离家更远的城市打工挣钱。村中一些不愿离家却头脑相对聪明的家户，则会想方设法在当地城镇或县城经营一些个体生意。由此，村庄“空心化”和“老龄化”等问题逐渐凸显出来。例如，以前鲁桥村青年村民到了适婚年龄，一般家中的父母都要提前给孩子在村中盖好新房，现在更多的村民选择去附近的城镇或县城购买商品房，所以村中遗留了大片空置的房屋和宅基地。而且中青年村民常年在外打工挣钱，留守村庄的多是些上了年纪的老人和儿童。等孩童年龄稍长至入学受教育阶段，通常也要离开村庄，因为他们大多会被父母接去附近的城镇或县城上学，以便于接受质量更好的教育。此类现象都是导致鲁桥村村庄“空心化”和“老龄化”的重要诱因，这在无形中也改变着年轻一代鲁桥人的生活方式。

鲁桥村村委会广场

总之，鲁桥村村民日常生计的来源渠道变得更加多样化，他们不再单纯依靠土地讨生活，对于土地的原生情感也产生了微妙的变化。同时，也有一小部分鲁桥村村民在致富之后选择搬离村庄。他们把不愿耕种的土地低价转包给村落中的其他村民，然后离开村庄过上了“城里人”的新式生活。但大多数村民其实并没有真正摆脱这片乡土，即使是离开的村民，逢年过节他们还是会回到老家探望亲友，或者带上供品去坟地祭拜祖宗，他们与乡土的血脉亲情关系并没有因此完全中断。因为大部分村民从小就受过儒家传统文化教育的熏陶，父母也经常会在日常生活中提醒孩子们不能数典忘祖，不可背祖弃宗。这些传统的文化观念和乡土意识早已渗透到他们的精神世界中，并持续影响着他们的日常生活方式。

二、明末建村说

鲁桥村是一个因河而兴的古村落。数百年来，村民们扎根于这片相对肥沃的土地，一代代鲁桥人在此地辛勤劳作，繁衍生息。关于这一平原古村落的具体形成时间，鲁桥村村民目前并没有相对明确的结论。据村民推算，鲁桥村最早应该创建于明朝末年，而当时的立村原因主要与位于村西的一座石桥——鲁封桥有着密不可分的联系。鲁桥村村民所提出的“明末建村说”在地方文献资料中得到了初步印证。据清光绪年间《峄县志》记载：“蟠龙河，世所谓‘曲曲十八湾’也，又西南流入滕，会鲁封桥水为南明河。”[①]此部县志中提及的“鲁封桥”三字是目前地方史志资料中关于鲁封桥的最早文献记录。又据《薛城区志》记载：“鲁桥村建村于明代，相传鲁王封山路过此地，因河当道，命修一桥，村在桥东，故名鲁桥村，取鲁王封桥之意。旧《滕县志》记载，鲁工系明朱元璋第十子朱檀，封兖州府。”[②]而在鲁桥村至今流传着“鲁王封桥”的民间传说。据村民讲述，鲁封桥是明朝鲁王赴千山头审判“刘玄阳锯棺相见案”时所建。大约在明朝年间，朱元璋第十子鲁王曾亲临位于滕薛一带的道教圣地——千山头降香修道。后来这位鲁王为方便东西交通，又斥资在千山头西的古薛河上修建了一座鲁封桥，围庙田，封界碑，千山头一时名声大振。在鲁桥村西的古薛河上，至今仍横跨着一座全长近百米的石桥，当地村民习惯称之为“鲁封桥”。从建筑外观上看，这座石桥的桥面全

① 赵亚伟主编：《峄县志》（点注本）卷五《山川考下》，线装书局 2007 年版，第 95 页。

② 山东省枣庄市薛城区地方志编纂委员会主编：《薛城区志》，中华书局 1997 年版，第 70 页。

部以大青石铺就，宽约 4.2 米，桥床高约 5 米。石桥两侧设有石栏板，桥面的大青石板上仍保留着深深的车辙印，足见此桥过往车辆之多。鲁封桥现为枣庄市和薛城区重点文物保护对象，目前，除石桥两侧栏板上面的精美刻石部件在前些年被盗贼偷走、石桥西侧桥面因部分坍塌毁坏较为严重之外，整座鲁封桥基本维持着过去的建筑原貌。

鲁封桥远景

当地村民普遍认为，“先有鲁封桥，后有鲁桥村”。由于距离真正的建桥年代时隔久远，鲁桥村这段“鲁王封桥”的历史真实性已无从考证。但从鲁桥村的相关村落记忆和村民的口传资料之中，目前仍可提取一部分有关鲁封桥和鲁桥村的历史信息碎片。因为“鲁王封桥”的传说曾在村内广泛流传，并且以前村中也有部分碑刻实物作为参考，所以村民对此说法深信不疑。过去在鲁桥村和村东千山头小南山山脚下，官方曾各立有一通刻有“鲁府封”字样的石碑。直到现在，鲁桥村的不少老年村民还能清晰地指出当年石桥修建后所立数通碑刻的具体安放位置。如村民郭鹏喜说：

老桥的这个碑有好几通，我那时候还小，字认识得不多，但是我看着上边写的有不少是捐钱修桥的人名什么的。桥东那几块碑比较高，得有3米左右吧，两通碑都立在东南角的位置。河西边的那个碑明显就晚了很久，是后来才立的。但是到“文化大革命”的时候，这些碑都被砸了。当时的社会形势是“破四旧，立四新”，说这些都是“封建残余”，所以要一律毁掉，现在感觉砸掉了忒可惜了。那时候村里人认识的字不多，要是能记下来这些碑文就好了。现在再想搜集这些历史古迹，难啊！①

据鲁桥村村民回忆，在鲁封桥东面的南侧位置曾立有两通高约3米的修桥记事碑，西侧则立有一通捐资修桥碑。其中西侧的碑刻所立时间大概在20世纪二三十年代左右，相对较晚于东侧的两通碑刻。这三通碑刻详细记录了历次鲁封桥的重修时间和捐资修桥人的姓名、金额等信息。但极为可惜的是，在“文化大革命”期间，这些记录了鲁封桥历史修建信息的碑刻多数被毁。20世纪70年代，鲁桥村集体平整土地，村民在村内组织“土地大会战”，平填沟壑，搭桥铺路，村中遗存的其他一些碑刻又被放置于路面之上当作地基使用。目前，鲁桥村仅遗存一通刻有“鲁府封”字样的长条石碑，前几年被发现时已被该村一户村民用作垒建猪圈的墙石，之后被村民交付给陶庄镇文化站收藏保存。也正是因为在村中曾存在以这段碑石为证的历史记忆，鲁桥村村民对于“鲁王封桥”“明末建村说”等说法大多持肯定态度。村民认为，虽然“鲁王封桥”只是一种民间传说，但绝非空穴来风。鲁桥村村中的几位文化人士曾在20世纪90年代期间聚集全村老人之力量，欲借助村民个体的碎片化记忆对鲁封桥的历次修建脉络进行全面梳理。但无奈于文献和实物考据资料匮乏，村民们无法得出准确、统一的历史结论，后来只好作罢。

值得注意的是，关于鲁桥村的村落名称起源问题，除了村中普遍流传的“明末建村说”外，也有村民提出了一种“芦姓初立村”的说法。实际上，至少在20世纪90年代以前，鲁桥村曾在很长一段时间内被村民习惯性地称为“芦桥”。一方面原因是受地方方言发音的影响，“鲁”（三声）字通常被当地人称为“芦”（二声）字，久而久之，原来的“鲁桥”也就被叫成了“芦桥”。另一方面原因则是村中传说当年鲁桥村最初只有一户姓芦的人家，他们最早在明朝末年搬迁到古薛河东岸定居生活。因为所居之地靠近石桥，交通便利，并

① 被访谈人：郭鹏喜，男，85岁，鲁桥村村民。访谈时间：2012年1月28日。访谈地点：鲁桥村。访谈人：张兴宇、褚强。

且河东岸的土地较为肥沃，所以后来又不断有郭氏、张氏、赵氏、关氏等家族迁移至此地定居。但令人意想不到的情况是，来村定居最早的这户芦姓人家始终人烟不旺，家族支系的脉络传延发展比较缓慢，历经数十年后他们在鲁桥村竟然只剩下一户人家。此时这户芦姓村民认为是其所居地域的风水不利导致家族人烟稀少难以为继，于是又举家搬迁到河西的后湾村居住。可搬迁之后的这户芦姓村民生活依旧十分艰苦，他的儿子后来在后湾村也没能娶上媳妇续养后代，因此鲁桥村芦姓村民的最后一支传承支系也被切断。但是由于他们当初搬迁至鲁桥村定居的时间最早，属于该村第一家坐地户，所以村庄就随之取名为“芦桥”，俗称“芦桥庄”。据村民回忆，很早以前在鲁桥村村西古薛河上就有一座小型的水漫桥，主要为村民日常出行所用，其间村民曾陆续补修过多次。当然，对大多数鲁桥村村民而言，无论是村中流传的“芦姓初立村”的说法，还是“鲁王封桥”的碎片化记忆，这段模糊不清的建村历史都已经化为了该村村民心目中的一段“悬案”。

古薛河

从村落地理区域的实际扩张发展形态来看，历史上的鲁桥村主要由芦桥村、赵南庄和高庄三个面积不等的自然村落组成。目前鲁桥村村民仍习惯于将村庄内自然划分的居住范围称呼为“前庄”“家后”“家东”和“家西”等四片区域。其中“前庄”主要涵盖赵南庄和高庄一带的家户，“家后”主要包括芦桥村一带的区域，“家东”和“家西”则主要指 20 世纪六七十年代以后鲁桥村村庄扩建形成的新聚居区。据《薛城区志》记载，赵南庄是一个居住着

200余人的小型自然村落，赵氏一族约在明末清初期间最早搬迁至此地定居。其所在范围内还居住着关氏、高氏和孙姓等几个家族。而芦桥村所在的“家后”以及后来扩建的“家东”“家西”区域，则主要居住着张氏、郭氏、王氏及宋氏等几个家族。其中郭氏家族前往此地定居的时间最早，此后张氏家族、王氏家族、宋氏家族陆续搬迁至此地定居。

鲁桥村街边一景

对于鲁桥村究竟是何时形成一定规模的村落实体之疑问，如果从鲁桥村张氏、郭氏、赵氏及关氏等几个家族的历史传延脉络来看，目前村中流传的“明末建村说”实际上具有一定的合理性。如前所述，鲁桥村是一个以张氏家族成员居多的主姓村，其中张氏家族人数占据全村总人口的80%以上。而村中郭氏、赵氏一族，虽然他们来村定居的时间略早于张氏家族，但在家族人数总量方面并不占优。而据鲁桥村村民推断，正是自明代鲁王修建石桥并封其名为“鲁封桥”之后，前来古薛河东岸居住的人群逐渐增多，最终才形成了具有一定规模的杂姓聚居村落，这一依河而立的村庄因此得名“鲁桥村”。鲁桥村村内有史可查的最早的坐地户应是赵氏家族与郭氏家族一支，大致在明朝末年，他们从外地迁居而来。起初鲁桥村只有不足十户人家，大多数家户沿着古薛河东岸居住，村落人烟相对稀少。据郭氏家族谱碑记载，郭氏一族最早于清朝康熙年间从郭家洼迁居到鲁桥村，他们在此地生活繁衍至少已有300年之久。如：

鲁封桥郭氏祖碑记

吾先祖成宜公，乃薛城之南微湖东畔郭家洼村郭氏长支之三房。成宜公于清康熙年间始迁于斯土，距今已三百余年矣。成宜公、仲杨公、彦哲公，均葬于村北后老林。乾隆三十一年十月上浣曾立石屋碑一通，石香炉、后土碑及林四至一应俱全。后老林坟茔及碑记俱于七六年整地平没毁坏。特此注明，以释疑义。

公元二零零九年岁次己丑六月上浣　毅旦

清居士郭大公学礼之墓

学礼公乃鲁封桥长支长房，初时家不中资。后经公勤劳俭朴，夙兴夜寐，积财聚谷，苦心经营，遂渐至小康。公赋性敦厚，乐善好施，见善必从。每逢乡里善举，公则踊跃。争先恐落人后，常为时人称道。今吾支房，人丁兴旺，安居乐业，岂非吾先祖积德之所致耳。现因吾祖茔久经失修，恐日久年远，坟茔犹存，而名讳莫辨。特商之族人，于今岁修葺祖茔之际，立碑三通，以彰久远。

公元二零零九年岁次己丑六月上浣　毅旦

以上两通郭氏祖碑系鲁桥村郭氏族人于 2009 年 6 月份所立，其祖坟原本位于鲁桥村村北。后因郭氏祖坟安葬的坟头逐年增多，坟地"穴位"不足供后人使用，于是郭氏族人又重新寻找墓穴，迁建祖坟。而据鲁桥村郭氏老年村民回忆，赵氏一族比郭氏家族前往鲁桥村定居的时间还要早上许多年。村民的主要判断依据是，过去在鲁桥村村西、村北位置曾有不少赵氏家族的坟地，并且坟地数量明显要多于郭氏一族。据该村村民郭传怀回忆：

鲁桥目前这些家户，按理说应该是赵家和郭家最早，而后是张家。因为赵家的坟地多，在河西和村北有很多坟。赵家比俺们郭家可能来得还早一些。我们郭家的那个坟地上盖的是石屋子(石制墓碑)，那时候都没有写祖宗的名字，但是人家赵家的石屋子过去就写有祖宗的名字。大概等到清朝以后，俺们郭家也开始流行在石屋子上写字了。有了这些记录，就容易查找过去的事情了。但在"文化大革命"的时候，这个庄子的大部分老碑都给砸了，可惜了。①

① 被访谈人：郭传怀，男，75 岁，鲁桥村村民。访谈时间：2012 年 10 月 27 日。访谈地点：鲁桥村。访谈人：张兴宇、孔军。

而据鲁桥村张氏祖碑及《张氏族谱》资料记载，该村张氏家族最早于清朝乾隆年间从附近的孔庄村迁居至鲁桥村。在鲁桥村一带，当地家族流传有“七王八张十二李”的说法，其中鲁桥村张氏家族即属“八张”中的“南山张”。张氏一族定居鲁桥村的时间虽然大大晚于赵氏和郭氏家族，但是历经近三百年的衍传发展，鲁桥村张氏家族成员人数迅速增长，家族规模不断扩充，其一跃成为鲁桥村家族成员人数最多的姓氏。从《张氏族谱》传延世系图表可以看出，至少在张氏家族第八世之前，家族人丁并不算兴旺。直至第九世超字辈族人，家族共生育有兄弟 8 人，而后第十世则传有同族兄弟 12 人。到了第十一世，又扩张至 25 人。后来家支愈分愈细，人员越来越多，顺延至第十五世时，张氏家族成员总数已达上千人。如：

……据谱碑及世系碑考证，鲁桥村张氏家族始居薛城区南常乡南山村，后迁至薛城东曲柏村。自明朝末年，又移居薛城北夏庄乡孔庄村。又于清朝乾隆年间，移居千山脚下鲁桥村。之前的前世族人，因年代已久无法考证，修此谱只能从一九五五年竖于孔庄西半里的祖谱碑及明清民国时期的世系碑进行考证……

鲁桥村《张氏族谱》　一九九八年撰修

居士张大公讳心师字仪范淑配胡孺人合葬之墓

吾支先祖心师公者，乃鲁桥张氏始祖五世孙也。当公之世，兵凶战危，灾祸连结。公侍奉双亲，克勤克俭。持家课子，至情至善。乐善好施，凡事当先。名重乡里，誉满家园。今适逢迁茔，吾支族人，不忘祖德，弘扬门风。由是勒石以记之。

公元二零一一年岁次辛卯年梅月　穀旦

鲁桥村关氏一族，其迁居鲁桥村的时间相较于张氏家族而言则更晚。关氏族人推断其迁居时间应为清中期，系从鲁桥村村东不远的庵上村迁入。关氏家族成员主要集中在鲁桥村村南居住。后来又不断有高姓、孙姓、刘姓等小户村民移居至此地，他们与关氏家族比邻而居，于是鲁桥村村南逐渐形成了赵、关、高、孙、刘等杂姓聚居的村落格局。尤其是在清末民初时期，战乱频仍，社会动荡不安。新迁入鲁桥村定居的住户，一部分从外地逃难而来，另一些则是投靠亲属而居。例如，高氏一族最初迁入鲁桥村时只有三户人家，但仍立名高庄。一些外来姓氏迁至鲁桥村后，起初并无固定的村民身

份，只有在其积攒了一定财力可以置地建房后才能真正地安家落户。后来鲁桥村统一入归人民公社集体管理之后，宅基地由生产队统一分配，村庄居住面积也随之不断扩展。这些规模相对较小的杂姓家族在鲁桥村缓慢传延，目前其家族人员数量约占鲁桥村村民总数的 20%。如《关氏谱碑》记载：

吾关氏溯源悠久。据族谱载，龙逢公为御史大夫，受姓于夏。而后俊卿公官拜于商。至周昭远佑杰二公为国学，子明公大中大夫……后吾关氏几经周折，迁于兖州南三十里陋地村。又迁至古滕东沙河史家楼，衍至百。三世祖迁居庵上到百。六世祖从庵上迁居鲁封桥村。吾族从唐代贞观年间二次重修族谱，至民国三十年八次重修族谱，可见关氏实乃望族。至今吾鲁封桥一支人丁兴旺，现已传至百十三世。而今正逢改革开放，人民安居乐业，社会稳定发达，到处建工厂，架桥修路。吾百零三世至百零五世三代祖坟均在千山头属修路范围之内，坟冢被平没。为纪念、缅怀先人，不忘祖德，特立纪念碑一栋，为使后人有祭扫祖茔之处耳。从百零六世始排辈字二十五：起维清怀书允文成继祥家运作克昌训延昇瑞秀吉庆道义方。

公元二零零三年十二月

中国老年书画研究会创作研究员刘宗英撰书

总体而言，鲁桥村人口数量长期维持在数百人左右，而各大家族之间则有着较为明显的家族归属意识。村民之间虽然隶属于不同姓氏家族，但在日常乡村生活中交集颇多。例如，村落中每每遇到婚、丧、嫁、娶等红白喜事，通过此类仪式的操办过程即可判断出各姓氏家族凝聚力的强弱。

在中华人民共和国成立初期，鲁桥村村中人口为三四百人。当时国家政策鼓励村民生育，鲁桥村人口规模迅速增加，一度达到六七百人。到了 20 世纪 80 年代末至 90 年代初期，鲁桥村人口规模已达 1300 人左右。其间由于国家计划生育政策的推行，鲁桥村人口数量大致维持在一个相对稳定的水平线上。前两年国家又放开了二孩生育政策，村民生育的积极性有所提升，目前鲁桥村人口规模总量基本维持在 1400～1500 人。

实际上，综合历代《滕县志》《峄县志》及《薛城区志》等地方文献资料可知，鲁桥村行政管辖权和隶属地已历经多次更易。在清朝乾隆年间至清末民初这一阶段，鲁桥村曾长期归属滕县孝九社管辖。1918 年，建制改称“滕

县孝九区”，鲁桥村仍归滕县属地管辖。至民国中期，鲁桥村隶属于滕县二区奚仲乡管辖。1947 年，划归滕县临城区奚仲乡管辖。1949 年 3 月，临城县废除保甲制，普设联防，鲁桥村建立村级人民政权。中华人民共和国成立后，国家于 1950 年废除联防，设置乡镇，鲁桥村更名为“临城县六区芦桥乡”。1952 年 9 月，因临城县与河北省临城县重名，改称“薛城县”（境内有薛国故城而得名）。1953 年 10 月，鲁桥村与柴胡店、石楼、大官庄、龙山、沙河、西仓、东仓、夏庄等九乡村归属薛城县六区管辖。同年，薛城县第一个农业生产合作社在前西仓村成立，取名“新华社”，鲁桥村也相继成立了合作社。1955 年 9 月，鲁桥村再次划归滕县属地管辖。1956 年秋季，鲁桥村归属滕县西仓乡管辖。1958 年，国家实行人民公社制度，公社下设生产大队，生产大队下设生产小队。鲁桥村生产大队属西仓公社管理，统归滕县友谊（临城）人民公社管辖。1962 年，划归薛城区西仓公社管辖。1984 年，鲁桥村归夏庄公社管辖，当年夏庄公社改称“夏庄乡”，鲁桥村生产队亦改名“鲁桥村村民委员会”。2001 年，夏庄乡撤销，鲁桥村划入陶庄镇管辖。此后，鲁桥村行政管辖权一直未作变动，村名也沿用至今。

鲁桥村街道

三、灾难记忆

可以说，自鲁桥村立村以来，村民在这片土地上生存并不容易。近百余年来，他们经历过晚清、民国时期社会时局动荡不安的恐惧，也体味过抗日战争时期民不聊生的生活惨况。直到中华人民共和国成立以后，村民的日常生活节奏才逐渐变得安稳下来。天灾、战乱与匪患等历史过往都曾深刻地影响着鲁桥村村民的生存意识和生活观念。这些灾难记忆既是他们日常拉呱聊天时的历史谈资，也是他们乡村生活轨道中不可磨灭的时代印痕。

折纸敬祖求平安

1. 天灾

长期以来，鲁桥村村民主要是“靠天吃饭”。过去村民以种植高粱、谷子、小麦等农作物为主，这些农作物的收成很容易受到天气变化的影响。一年四季之中，当地村民常会遇到的自然灾害主要包括旱灾、水灾、雹灾、蝗灾和冻灾等几种类型。而从历史上看，鲁桥村所在的薛北滕南一带，各种自然灾害频繁发生，这给当地村民的生产生活造成了很大的损失。以1841～1987年期间薛城区境内所遭自然灾害的部分历史记录为例，村民生活所受影响之深刻程度据此可见一斑：

清道光二十一年(1841),十一月一日,地震。同时冰雹,平地雹深尺余。

清道光二十四年(1844),六月二十九日,大暴雨,山水四涨,薛河浸溢,沿岸房屋、人畜被水冲走,水落后遍地腥臭二十余日。

清咸丰三年(1853),黄河决口,灌入南四湖,滕南、峄西沿湖地区被洪水淹没。沿湖村庄十室九空。冬,灾民冻馁交加,人死过半。

清光绪元年(1875),秋,大旱,乡民多饿死。

清光绪二十二年(1896),大雨连绵多日,天大寒,树多冻死。

清光绪二十四年(1898),大水。

清光绪二十七年(1901),大旱,夏秋失收,岁大饥。

1925年,五月,区境冰雹成灾。

1926年,大旱,人以草根、树叶为食。

1933年,黄(河)水成灾,淹没周边村庄。

1942年,蝗虫遍野,大饥。人食树皮、草根充饥。

1944年,先旱后涝。

1953年,薛城大沙河洪水暴发,沿岸村民淹死三十余人。

1954年,春,薛城大雪,麦苗多冻死。

1955年,七月至十月,连续两次暴雨,薛城大沙河决口十三处,淹死八人,沿岸房屋倒塌七千余间。

1957年,七月,薛城大水灾,倒塌房屋三百余间。

1959～1961年,连续三年发生虫灾、水灾、蝗灾等严重自然灾害,人民生活极端困难。

1963年,全区先旱后淹,风雹,草荒加虫害,灾害为历年之罕见。

1964年,春季,大风,房屋、树木多遭毁坏。

1965年,大旱,连续六十余日无雨。

1969年,夏季,山洪暴发,薛城大沙河决口。

1971年,暴雨,淹地十万余亩。

1972年,秋季,大旱。

1974年,四月,遭遇冰雹灾害,大者如鸡卵。

1980年,八月,暴风雨,粮食严重倒伏。各社掀起了以放积水、扶玉

米、追施肥料为主要内容的抗灾救灾高潮。

1987年,九月,境内普降暴雨,部分村庄积水,房屋倒塌。①

据上可知,在近现代薛城一带的乡村社会,村民主要遭受的自然灾害为水患。尤其是在夏秋季节,连日暴雨导致河水上涨,淹没农田,毁坏村庄,给村民生产生活带来了极大威胁。更为严重的是,水灾之后,极易引发疟疾等流行性疾病。据《薛城区志》记载,当时此地大约98%以上的农户基本生活没有保障,粮食价格甚至高于平时20倍之多。当地大量农村人口不得不外逃乞食,日常生活难以为继。而疟疾等流行病的发病率高达40%以上,普通受灾村庄的人口死亡率也随之增加。据鲁桥村村民回忆,"三年自然灾害"期间,是鲁桥村经受水灾最为严重的时候。因为鲁桥村紧邻古薛河支流,河水暴涨,漫入村庄,农田村舍尽毁,村民生活陷入困难境地。而在鲁桥村东北方向不远的一部分山村,由于地势较高,受灾相对较轻。鲁桥村村民不得不外出投奔这些山里亲戚暂时度日。据村民张乐惠回忆:

1960年闹饥荒的时候,连个煎饼格子(碎渣)都吃不上啊。人就吃树皮、草根,凡是能吃的东西都放到锅里面煮。吃的人身体根本受不了。山里有亲戚的,就去那里躲一躲。平时老百姓还看不上山庄呢,关键时候,人家那里还能收一些小杂粮之类的粮食,所以有些村民就跑到山里投奔亲戚。②

2.战乱与匪患

清末民初以来,鲁桥村所处的薛北滕南一带战乱不息,社会动荡不安,村民生活十分困苦。总体而言,历年来鲁桥村村民所遭战乱、匪患灾难的强弱程度,与地方社会的时局好坏有着非常紧密的关系。例如,在鲁桥村至今仍保存着一段关于"捻军过境"的历史记忆,村中亦有老年村民可以讲述"清军与捻军交战于西仓桥"的民间故事。而据《薛城区志》记载,在清朝咸丰八年(1858年),捻军首领任乾、张隆等人率马涉军3000余人,从徐州进入滕南、峄西地区安营扎寨,滕县、峄县两县官府震惊不已。到了清同治四年

① 参见山东省枣庄市薛城区地方志编纂委员会编:《薛城区志》,中华书局1996年版,第14~44页。

② 被访谈人:张乐惠,男,73岁,鲁桥村村民。访谈时间:2012年10月27日。访谈地点:鲁桥村。访谈人:孔军。

(1865年),捻军部队与清军丁宝桢部在距离鲁桥村南不远的西仓桥发生过激烈战斗,这场战役中,清军最终溃败。[①] 捻军与清军交战期间,所涉村庄不堪其扰,村民苦不堪言,为了生计纷纷离家外逃。而鲁桥村因为村庄果林比较茂密,便于隐藏,过去曾一度成为落难村民的暂居避难所。

进入民国以后,鲁桥村当地土匪盛行,祸及乡里。土匪们拉帮结伙,烧杀抢掠,无恶不作。例如在1927～1928年期间,鲁桥村所在地区连续两年大旱,村民日常吃饭都成了大问题,生活穷困不堪。然而在这种极为困难的时候,当地一支以朱重训为首的土匪队伍常常集结人马,下山侵扰村民。1928年2月14日,土匪聚众300余人包围了鲁桥村东南不远的奚村,他们不仅抢夺牲畜、粮物,而且还杀死1名村民,绑架8名村民。3月15日,土匪头子朱重训亲自带领土匪600余人包围了紧挨着奚村的吴村。他们杀死村民27名,并将全村房屋一律烧光。这帮土匪惨绝人寰的恶毒行径引发了周边村民的极大愤慨。3月16日凌晨,包括鲁桥村在内的民团红枪会队伍闻讯后火速赶往吴村施救。村民们把土匪逼到千山头仰止阁中,最后用柴草将朱重训活活烧死,算是给吴村村民报了屠村之仇。

千山头青华阁遗址(原千山头土匪驻扎地)

鲁桥村村民习惯称呼土匪为"马子"。而土匪所到之处,民众往往苦不堪言。为了自保,基本上各个村庄都曾兴建起土质炮楼作为抵御工具。由于土匪经常侵扰,鲁桥村村民一般不敢在村外建设新房,担心被土匪抢劫。那时候鲁桥村村落整体房屋布局也相当紧凑,村民聚居在一起便于防卫土匪。当时鲁桥村一些富裕的家户,专门搭建了土炮楼作为

① 参见山东省枣庄市薛城区地方志编纂委员会编:《薛城区志》,中华书局1996年版,第14～15页。

掩护。据村民回忆，当时鲁桥村共有 3 座炮楼，其中张氏家族有 2 座，村南的关氏家族有 1 座。搭建炮楼时，首先要建造一座高约 6 米的土楼，上下两层，然后在炮楼顶端用木棒支撑围挡起来。炮楼四周各开有一扇窗户，便于村民警戒放哨，时刻观察村外动静。为了降低土匪侵扰造成的损失，鲁桥村村民还联合起来购买枪支，每日轮流放哨。夜间在村中增设打更人员，三人一组，负责巡逻。冬天天气寒冷，村民便在村中的坑崖旁边就势挖建一座约 1 米深、5 米长、4 米宽的“地屋子”，巡逻人员可以在里面临时歇息。直到中华人民共和国成立初期，鲁桥村有些富裕的家户在家中还藏有枪支防卫。后来地方政府专门收缴了村落中各类遗留枪支，当地村民持枪防卫的传统才得以禁绝。

在抗日战争时期，鲁桥村则遭受日本侵略者、国民党、还乡团、伪军等多股势力的侵扰。他们每次进村之后，强行征兵征粮，给村民的正常生活造成了极大威胁。尤其是对日本侵略者连续几轮的疯狂扫荡，一些鲁桥村村民记忆犹新：

> 抗日战争那时候，世道不安宁。老百姓的日子都过得提心吊胆的。日本鬼子来了之后，“八格牙路”的叽哩哇啦说一通，你也听不懂。我记得那时候俺奶奶正在院子里面烙捻拧（煎饼），俺几个小孩在院子里玩。“鬼子”来了之后，用那个枪托子，一下子把俺奶奶给打倒了。然后鬼子就在家里搜抢东西。忒坏了。[①]

与此同时，由中国共产党领导的一股新兴力量也在鲁桥村一带秘密发展，他们暗中引导、帮助村民应对各种现实困难，不拿群众一针一线，深受人民群众的支持。在抗日战争、解放战争以及后来的抗美援朝战争期间，鲁桥村村民在共产党的领导下踊跃参军救国。例如，鲁桥村张氏家族中的张乐爱、张乐真、张乐年、张文海、张文典及张文德等村民积极应征入伍，村中亦有张宗娥、张友海、刘宪坤、王传海、宋福成等多名烈士，为革命工作做出了力所能及的贡献。

---

① 被访谈人：张文山，男，80 岁，鲁桥村村民。访谈时间：2012 年 10 月 26 日。访谈地点：鲁桥村。访谈人：张兴宇。

第二章
村民们的小日子

在鲁桥村，老一辈的村民们习惯于将自己称呼为“社员”。很显然，这一“社员”身份与20世纪五六十年代国家曾经在地方村落中推行的“人民公社化”政策有着紧密的关联。鲁桥村作为一个张氏家族成员占比达80%以上的主姓村，村落内部还零星散居着郭氏、赵氏、关氏、王氏、高氏和孙氏等其他规模相对较小的家族。毫无疑问，在鲁桥村近百余年村落历史发展进程中，这几大家族之间始终充满着竞争与合作的张力。直至今日，大部分鲁桥人仍然有着非常浓厚的“传宗接代”观念，他们认为“多子即多福”，把子嗣绵延视为家族传承的根本动力。然而在现实生活中，这种“重男轻女”的传统观念往往又会给村民们造成新的困扰。

长期以来，鲁桥人安守于这片土地，但似乎又并非是绝对的逆来顺受。他们有着传统农村人的质朴与本分，同时也不乏机智狡黠的一面。如果从村落日常生活的微观领域审视，“吃饱穿暖”曾是许多鲁桥人的理想生活追求，因为他们一时还无法忘记旧社会中那段灰色的“苦难”记忆。而在村落日常人际交往中，“好面子”则是鲁桥人的典型性格特征。衣食住行、岁时节令、人情往来等片段式村落日常生活场景，构成了鲁桥村“社员们”眼中所谓家庭小日子的核心。“一瞧就会过日子”，在以前通常是当地村民评价过门新媳妇的最高标准。其实对于大多数普通家庭来说，想把这个“小日子”过好，却并不容易。

一、衣食住行

1. 衣

衣食住行是村民们最为基础的日常生活诉求。在鲁桥村，村民之间普遍流传着一句“人靠衣服马靠鞍”的民间俗语。穿衣打扮在鲁桥村村民的日常生活中占据着重要的位置，但在不同社会年代和村落人际交往场合，村民的着装类型与服装样式差别较大。过去鲁桥村村民生活水平低下，村民的日常穿衣装扮以实用、得体为基本准则。如春、秋季节多穿单褂、单裤，冬季天寒则常穿棉袄、棉裤。鲁桥村中年和老年村民平常多穿黑色、灰色、藏蓝色和红色等色系的衣服，风格相对朴素、稳重。而年轻村民的穿衣喜好则多跟随社会潮流不断变化，打扮风格相对靓丽活泼。而且，每逢婚丧嫁娶、年节走亲戚等重要社交场合，鲁桥村村民常会更换新衣新鞋，并认真装扮一番，以免在这些人际交往场合中失礼丢了面子。据村民张乐惠说：

> 以前每到过年的时候，俺村里小孩子最高兴的事情就是能有件新衣裳穿。那时候日子过得穷，可能平时老百姓没什么特别的穿衣讲究，但是到了过年不一样，要穿件新衣服，图个喜庆吉利。再就是村里有红白喜事的时候，你去给人家帮忙，也不能穿得太磕碜了。这里的老百姓虽然穷点，但还是好面子的。过年过节走个亲戚、串个门子什么的，你说你如果穿得邋里邋遢的，那多丢人！自己显得不好看，对人家也不尊重。①

具体来说，在清末民初时期，受制于比较落后的村落经济生活条件，当时鲁桥村村民所穿日常服饰主要由土布编织而成。富裕一些的家户，平时身穿“长袍马褂”。普通家庭的成年男性村民一般多穿对襟褂，配以撒腿裤子，头戴瓜皮帽，脚穿粗布鞋；女性村民上身多穿掩盖至膝部的大襟褂子，下身则穿撒腿裤子，还需扎束裤腿，脚穿绣花鞋。进入民国以后，虽然在上层社会流行穿着中山装等新式服饰，但鲁桥村村民的日常着装仍以土布、土衣为主。村民在春、秋天喜穿坎肩，夏天则常穿背心、裤衩。下雨时身披蓑衣，

① 被访谈人：张乐惠，男，73岁，鲁桥村村民。访谈时间：2012年10月27日。访谈地点：鲁桥村。访谈人：张兴宇。

头戴斗笠。冬季多穿大襟棉袄，着装后还需系上一根长长的布条用来束腰。到了20世纪50年代左右，鲁桥村一带开始出现用机器编织的棉布，可供人们选择的衣服花色品种也逐渐增多。但对大多数穷苦家庭来说，村民日常穿衣仍然以土布衣料为主，多数是由各家各户的妇女使用针线缝制而成的。当时鲁桥村村民穿着的上衣没有纽扣，一般都是用布条缝制的“疙瘩篾子”代替。实际上，村民日常穿衣打扮的时髦程度与家庭生活水平高低有着紧密的联系。据鲁桥村村民回忆，在“三年自然灾害”期间，整个村庄连正常的吃饭需求都成了大问题，那时候村民很少有闲钱购买新衣服，因此在日常穿衣打扮方面更加节俭质朴。据村民张乐好说：

> 就说“三年自然灾害”时期吧，大概是50年代末60年代初，当然这个灾害有天灾也有人祸。我记得那时候本来种得好好的芋头都不收，全烂在地里了。你想想那时候老百姓穷得都吃不上饭了，还讲究穿什么衣服呢？冬天里能有个保暖遮寒的旧棉袄就很不错了。庄稼人平常穿的用土布织的衣服都是缝了又补，补了又缝，一个补丁连一个补丁。没办法，太穷了啊！①

另外，鲁桥村村民至今仍记忆犹新的是，在“文化大革命”期间，当地特别流行身穿草绿色军装、中山装和各种学生装、国防服装，女性村民之间则开始盛行穿对襟上衣。进入80年代以后，随着家庭联产承包责任制的落实，鲁桥村各家各户都分到了土地，人们生活水平不断提高，村民的穿衣风格和可选择的衣服式样更加丰富多样。例如，一种名为“的确良”的化纤面料在当时成为村民们日常着装的“新宠”。尤其是青少年服饰，各种紧身衣、喇叭裤、牛仔裤、裙子和西装渐渐成为村中青少年热衷追逐的对象。时至今日，鲁桥村村民购买衣服的渠道

鲁桥村儿童服饰

① 被访谈人：张乐好，男，68岁，鲁桥村村民。访谈时间：2012年10月27日。访谈地点：鲁桥村。访谈人：周明霞、刘若轩。

不再局限于周边集市，他们也会在闲暇时间前往县城里的大型服饰商场购买各种时髦衣物。进入新时期以来，网络科技信息技术的快速发展催生了网络购物的流行趋势。鲁桥村年轻村民现在已经习惯了通过网络平台为自己和亲人购买各种潮流服饰，村民们的日常穿衣打扮也变得更加新潮时髦。

2.食

民以食为天，鲁桥村村民的日常饮食习惯呈现出典型的鲁南地域特色，即好食咸辣。目前大多数村民仍遵循着一日三餐的用餐习惯，但也有少部分村民在农闲时一日只吃两餐。以前鲁桥村村民日常吃水，水源主要来自于早年间由本村村民人工挖掘的公共水井。在20世纪七八十年代，鲁桥村逐渐普及了手动式压水井取水方式，村民可以在家中自由用水。最近几年，村里统一安装了从陶庄镇引入的自来水管，村民终于用上了相对干净、卫生的自来水。鲁桥村村民的日常主食是煎饼，当地人俗称“捻拧”。按照粮食原料的种类划分，村民常吃的煎饼主要有麦子煎饼、豆子煎饼和高粱煎饼。在鲁桥村，村民日常吃饭时习惯于拿煎饼卷上各种时令炒菜，然后用手握食，吃相十分豪放。村中还流传着“煎饼卷辣椒，越吃越添膘”的说法。中华人民共和国成立以前，鲁桥村生活条件好一些的家户多以高粱、地瓜干煎饼为主食，而穷苦人家则多食用杂粮和野菜煎饼。村民张文平回忆说：

> 1949年以前，地里种的粮食很少，收成也不好。地里主要种高粱谷、小麦，收成很差。那时候还不兴种棒子（玉米），种棒子是1949年以后的事吧。吃饭吃什么呢？主要是吃高粱和芋头（地瓜）干子，麦子吃得很少。年景不好的年头，人连树皮、芋头叶都给吃光了，没办法啊！一般年景下，芋头算是主食，清早起来都是先煮一锅芋头，平时还吃点高粱煎饼。[①] 那时人的抵抗力都很差，主要是没油水。

进入20世纪80年代以后，随着农业生产技术的提高，土地亩产粮食数量不断增加，村民在日常生活中逐渐改吃以小麦、豆子、花生等原料混合做成的白面手工煎饼。在过去，“摊煎饼”一般属于鲁桥村妇女们的分内家务事。能否娴熟地掌握煎饼制作的手工技艺，是衡量和评价鲁桥村家庭妇女贤惠程度的重要指标。刚过门的新媳妇如果能够掌握这种烙煎饼的手艺，

---

① 被访谈人：张文平，男，73岁，鲁桥村村民。访谈时间：2012年1月22日。访谈地点：鲁桥村。访谈人：张兴宇。

通常会得到婆家和街坊邻居的集体称赞。村民们摊制一次煎饼，一般可供家庭成员吃上半月甚至一月之久。因为制作煎饼的工序比较烦琐，并且摊制起来相对费时费力，所以鲁桥村妇女们通常采用邻里合作的方式摊制煎饼。

小麦脱壳

过去村民准备摊煎饼时，在清晨起床之后，要先把小麦、高粱、豆子、玉米等粮食原料清洗干净，然后用石磨磨成糊状，俗称“面糊子”，再装入水桶中备用。（现在村里有了打面糊的机器，所以省去了不少工夫。）等调制好面糊后，村民再用柴火加热铁鏊子摊制煎饼。她们先把面糊一勺勺地均匀摊在烧热的铁鏊子上面，紧接着用长约 70 公分的竹劈把摊好的煎饼糊子从鏊子中间向四周均匀转上一圈。此时需一边摊面糊，一边控制鏊子下面的火候。大约半分钟之后，煎饼逐渐变熟，此时再迅速将这张煎饼从鏊子上面揭下来。如此循环往复，直到把水桶中的面糊全部摊完。据村民说：

这个烙煎饼啊，可麻烦了，很费事。一大清早起来，你得把麦子、豆子用清水淘好几遍。然后还得去打面糊子，一次要打个十来斤的面糊子，有时打一桶，有时是两桶。一天最多能烙 40 斤麦子煎饼呢！以前都是打粗面，现在好了，能吃上细面了。我们从小时候十来岁时，就得学烙煎饼。一开始学的是滚煎饼，用玉米面，都是用手滚的，烫得手很疼。滚煎饼也得用竹劈子，再后来就是正儿八经的烙煎饼了。一说“谁

谁家的煎饼烙得好”，人人都夸啊！菜煎饼以前也有，但那时吃得少，主要是吃不起，穷。烙的时候怎样让它不煳呢？关键在于烧鏊子，这个讲究火候。还要用油布子不断地擦鏊子，以便让煎饼熟了容易揭下来。[①]

手艺好一些的女性村民，刚摊制出来的煎饼必定又薄又香，深受村民好评。馋嘴的儿童，尤其喜欢撕吃刚刚摊制出来的煎饼边渣，口感十分香脆。一般情况下，在即将摊完所有面糊之前，鲁桥村村民还会用已经做好的煎饼打底，辅以青菜制作美味可口的菜煎饼，村民俗称为“塌菜煎饼”。做菜煎饼时要先加入适量的白菜、萝卜、韭菜等时令青菜，同时辅配卤水豆腐、绿豆粉条等地方特色食材，再用豆油、食盐等调味品混合调制，而后置于鏊子上加热。等青菜等食材变熟后即可食用。此外，每到夏季，鲁桥村村民通常还会把即将霉变的煎饼做成煎饼卷，这样可以延长煎饼的放置时间，而且煎饼卷吃起来更加酥香可口。由于年轻村民平时忙于各种工作，无暇学习做手工煎饼，再加上手工煎饼本身摊制起来费时费力，所以村民们现在大多选择直接从商店或集市购买机器做的煎饼食用，充斥乡村的机器煎饼正逐渐取代手工煎饼。

烙煎饼

除了以煎饼为主食，鲁桥村村民平时还喜欢食用烧饼、馒头、单饼、米饭、花卷、缸贴、挎包火烧、面条等各种面食，花样繁多。鲁桥村村内和周边市场目前设有多家烧饼铺和馒头铺，村民平时可用家中的小麦“以物易物”，也可用金钱直接购买。鲁桥村村民的日常汤食主要是“喝糊涂”，即用大米、小米等食材熬制而成的稀饭。过去村民常喝“高粱糊涂”和“玉米糊涂”，改革开放以来，村民生活水平逐渐提高，他们更偏爱食用小麦、大米、小米和绿豆等综合原料做成的“稀饭糊涂”。当家中有客人来访时，鲁桥村村民还会做混杂着青菜、木耳、鸡蛋和海带等食材的“蛋花咸汤”待客。村民日常菜食口味则以嗜好咸、辣为特色，当地传有“想拉馋，辣椒盐”的说法。过去鲁桥

① 被访谈人：张胡氏，女，55岁，鲁桥村村民。访谈时间：2012年1月20日。访谈地点：鲁桥村。访谈人：张兴宇。

村村民常年参与农事劳作，需耗费大量体力，村民认为食用咸、辣等重口味菜品有助于增加体力。如今村民的饮食观已经发生较大变化，例如他们在注重色、香、味的同时，也更加关注食品健康问题。而在待客时，村民一般要根据来访客人数目准备四、六、八、十或十二道数量不等的菜品。此时鸡、鱼、肉、蛋等食材不可或缺，如此方能显示主人热情待客之谊。爆炒辣子鸡、红烧薛河草鱼、千山头羊汤、张家卤水豆腐、赵家猪头肉及丸子菠菜汤等地方菜品都是鲁桥村村民日常待客的特色菜肴。现在鲁桥村村民一年四季常吃的青菜有白菜、萝卜、土豆、茄子、山药、豆角、芹菜、菠菜、苔菜和西红柿等十余种，肉食则主要吃猪肉、鸡肉、牛肉和羊肉等肉制品，蛋类主要吃鸡蛋、鸭蛋、鹅蛋和鹌鹑蛋四种，且最常食鸡蛋。奶类则主要喝从超市购买的牛奶制成品，不过村民很少有饮用鲜牛奶的习惯。而在20世纪80年代以前，鲁桥村村民生活条件普遍较为艰苦，各类肉食蔬菜并不常吃，村民还会把咸菜疙瘩、咸萝卜、韭菜花、酱豆子、臭豆腐等食材作为日常用餐的辅食。

家常饮食

3.住

如前所述，鲁桥村是一个依河而兴的平原村落，村民主要居住在河东岸的平原地带，房屋布局也遵循着鲁南地区典型的建筑风格，并跟随时代发展不断变化。过去鲁桥村村民居住的房屋多沿河东面兴建拓延，最初该村只有十几户人家，再加上村内沟壑纵横的缘故，村中住户相对分散。由于当时社会时局动荡不安，村民们担心人身安全问题，很少会选择到村外建房居住。在20世纪50年代以前，鲁桥村的房屋建筑类型多属茅草房和土坯房，院墙也多是土墙。这种使用土坯或茅草作为建筑材料的房屋，一般坐北朝南，设两窗一门，然后按照三间或五间的房屋布局形式垒建而成。因为当时鲁桥村各个家族成员总体人数较少，所以同姓直系族亲多数情况下都是比邻聚居。值得一提的是，在中华人民共和国成立前后，鲁桥村还曾盛行一种叫“地屋子”的建筑样式。它是村民用玉米秆、高粱秆和木棒搭建而成，一半

在地上，另一半在地下，主要作为战乱时期联防村民晚间暂时栖居的场所。据村民郭传怀回忆：

> 1949年前后，时局不稳当，村里人就在庄子里挖“地屋子”。俺们这边的土质还行，冬天在土里挖个长方形的洞坑，一半在地上，另一半在地下，然后用高粱秆、玉米秆和木棒什么的搭一个临时的住窝。那时候村里安排三人一组打更联防，防个土匪、小偷什么的，待在这个地屋子里面可以取暖，反正是冬暖夏凉的，也能临时休息。[①]

传统民居

到了20世纪六七十年代，村内人口不断增加，房屋建筑逐渐增多。此时村内房屋建筑多以瓦房为主，并设有配房，院墙用砖垒建，院内立有影壁，院中则种植石榴、竹子、杏树、葡萄等常见植物。这种瓦房一般采用两门一窗的建筑形式，也有村民在山墙上面开挖气窗通风。进入80年代之后，村民新建的房屋多是青砖到顶的瓦房，仅房屋基石就有1米多高。外墙用水泥抹缝，内墙用石灰涂抹，地面使用三合一灰土铺就。村民习惯在房屋门窗左上方或右上方位置留出一处直径20～30厘米的圆形洞口，主要是方便在冬季生炉取暖时安装烟筒排烟。此时当地开始流行“对门对窗”的房屋布局形式，并使用玻璃门窗装修，窗户外面还会安装钢筋用来防盗。

到了90年代以后，鲁桥村平房建筑逐渐增多，仍以三间或五间的建筑格局为主。这种平房前设夏檐，既能遮阴避凉，也可遮挡雨水。平房内墙用涂料装饰，外墙则用瓷砖装裱，然后再用水泥铺地，房顶可以晾晒粮食。如今鲁桥村房屋建筑主要以二层楼房为主，村民的居住条件相比以往有了很大改观。对鲁桥村村民而言，建房需举全家之力，通常还会邀请亲邻前来帮

① 被访谈人：郭传怀，男，75岁，鲁桥村村民。访谈时间：2012年10月27日。访谈地点：鲁桥村。访谈人：张兴宇、孔军。

工。修建新房是一个家庭的大事，村民至今仍遵循着一定的建房禁忌。例如，建房选址时要提前约请风水先生查看风水；房屋朝向尽量不冲大路，以避免灾祸。而在宅院墙外，村民常会设立一块刻有“泰山石敢当”字样的风水石，他们认为“石敢当”具有镇宅避灾的特殊功效。

4.行

至于鲁桥村村民的日常出行方式，百余年来则发生了非常显著的变化。鲁桥村所在区域，古时曾是滕县通往峄县的一条交通要道。该村以鲁封桥为中心的东西大道曾长期车流不息，人来人往，热闹非凡。过去交通出行条件较差，村民所行道路主要是土质路面，大车一过，尘土四起。在清末民初时期，鲁桥村仍是一个以农为主且人口稀少的小型村落。村民常年勤于耕作，靠天吃饭，日常出行活动范围相对狭窄。当村民需外出赶集或走亲访友时，主要依靠步行和畜力车两种方式。当时村庄内生活稍微宽裕一些的家户，一般在家中都会养殖一头或多头“叫驴”作为日常出行的交通工具，村民俗称“走驴”①。按照村民的说法，即“近路靠步撵，远路靠走驴”。而从20世纪二三十年代后期直至70年代初期，桃树、苹果树和梨树等林果业的发展一度成为鲁桥村村民生活收入的主要来源。此时村民外出主要依靠独轮车、平板木车等交通工具，很少使用轿子。而在鲁桥村村西不远，曾经建有一座津浦铁路的经停火车站——井亭站。村民为了拓展本村桃子、梨和苹果等时令水果的销路，也开始乘坐火车到外地售卖。改革开放以后，自行车、摩托车、三轮车、拖拉机等交通工具在农村逐渐普及，附近县城也开通了公共汽车，鲁桥村村民日常出行变得更加方便。该村村民对近些年来当地日常交通出行方式的改善情况也是赞不绝口：

> 现在国家的交通发展太快了，你不相信科学不行啊，发展就是快。俺们这里这些年也赶上了好时候，咱社员平时出门是越来越方便了。你看现在别管是公交车、火车，还是小汽车，甚至你想坐飞机，到附近的徐州飞机场就能坐。过去出门，社员都是骑那个二八大杠的自行车，“叮了咣当”的，去趟薛城城里得骑半个多小时，有时候半路上还掉链子。这里的社员平时说的一句老俗语叫“关键时候掉链子”，说的就是

① 被访谈人：郭传怀，男，75岁，鲁桥村村民。访谈时间：2012年10月27日。访谈地点：鲁桥村。访谈人：张兴宇、孔军。

这个事啊！现在开小汽车到城里也就是10多分钟的事吧，真是方便多了。再说那个2011年开通的京沪高铁，就在俺村东边，这个高铁比以前老津浦铁路的火车更是快了好几倍呢！从俺们这里坐这个高铁去北京、上海都是2个多小时，你想能不方便吗？村北边也在修一级路，据说修好了要开通从滕县到俺这里的BRT，村西边还有个京福高速公路。行南走北都很方便。①

鲁桥村京沪高铁段远景

现如今，各种样式的电动车、轿车、面包车等交通工具已经进入鲁桥村普通家庭之中，富裕一些的家户在闺女出嫁时还会陪送小轿车作为嫁妆。随着京沪高铁、长途汽车、BRT快速公交和城乡一体化公交等综合交通体系的运行，鲁桥村村民的日常出行效率进一步提高。当然，一部分鲁桥村村民至今还遵循着一定的民间出行禁忌和信俗，以求车马人行平安。例如，村民在离家和归家时都会选定农历吉日，当地流传着“三六九，往外走”“二五八，好回家”等民谚，同时在村落中也有“拜车祖，保平安”“上车饺子下车面”的说法。

① 被访谈人：张运令，男，58岁，鲁桥村村民。访谈时间：2012年1月22日。访谈地点：鲁桥村。访谈人：朱明。

二、岁时节令

在中国传统农业社会，广大乡民主要参照岁时节令的时间制度安排日常劳作模式。综观鲁桥村当下传承的岁时节日脉络可以发现，尽管村民在年中行事过程中所涉及的部分节日民俗和生活习惯已经发生形态上的裂变，但其根植于鲁南传统平原村落的节日民俗文化并没有被彻底抛弃。例如，鲁桥村紧依孔孟故里，深受儒家礼教濡染，村民在日常生活中自然比较注重各种礼仪来往活动。鲁桥村部分节日习俗仍表现出鲜明的地方化特征和浓厚的文化寓意，村民的日常生活节奏与岁时节令实现了合理互动。农业曾长期作为鲁桥村村民维持生计的主业，因此岁时节令的时序安排不仅契合了农事活动的时间规律，而且在传统节日仪式中始终蕴含着村民祈求丰收、天和人寿的美好期盼。相比较农忙时的辛苦操劳，岁时节日为村民提供了一种暂时性休歇和闲暇娱乐的理想方式。居于平原村落中的鲁桥村村民既可借节日之名调养身体，也能通过各种节日仪式的操办获取精神上的抒怀。

1. 腊八节

"小孩小孩你别馋，进了腊八就是年。"这是鲁桥村村民在过腊八节时通常会给家中孩童提起的一句俗语。农历十二月初八在当地被称为"腊八节"，是日清晨，天未亮时，家中主妇就会早起准备熬制腊八粥。过了腊八这一天，也象征着鲁桥村村民正式进入了过大年的准备阶段。腊八粥在该村又被称为"八宝粥"，虽然有"八宝粥"之名，但村民实际上并非用八种谷物熬制。鲁桥村村民主要使用大米、红枣、花生、豇豆等食材来熬制腊八粥，也有家户在腊八节当天蒸制大米干饭食用。在当地，米饭并非村民日常生活的主食。大米这种食材在旧时较为珍贵，一般村民只有在过腊八节时才能吃到。在"文化大革命"之前，村民在腊八节煮制腊八粥时还需遵守相关的礼俗禁忌。当腊八粥煮好以后，第一碗粥必须要敬给灶神享用。此外村民还要敬奉天地神灵，多是用三碗腊八粥虔诚供奉，摆放于家中的堂屋方桌或者门口天井院的香台上面。随着社会的发展，这种腊八敬神的习俗在鲁桥村已很难见到。不过目前村中仍旧传承着一种"腊八节祈求丰收"的民间节

俗，当天村民在蒸好大米干饭之后，会取出少许米饭涂抹到家中种植的果树上面，以祈求来年果树丰收。

2. 祭灶日

在当地，农历腊月二十四是祭祀灶王爷的日子，村中盛行“官三民四”之说，即过去考取功名之家或是官宦人家会在腊月二十三日祭祀灶王爷，而平常百姓则是在腊月二十四祭灶。这一天鲁桥村村民会把提前购置的绘有灶王图像的年画张贴在家中的厨房灶台处。张贴时要求有一定的倾斜角度，同时还要准备蜡烛、香支，摆上供品，磕头祭拜灶王爷。嘴上还要不停地念叨：“过了初二过初三，灶君老爷要归天，临走俺来敬顿饭，上天言好事，下界保平安。”祭灶日当天，鲁桥村并无特殊的饮食习俗。一般从腊月二十四日开始，鲁桥村的男性就开始准备去给家族的祖先上坟。在村民眼中，逝去的先祖和活在现世中的人们一样也要过年，而过年必定会增加花销，所以村民在这个时间节点给祖先上坟祭祀以表达虔诚心意。村民张乐惠认为：

灶王爷年画

> 按理说，祭灶之前就得先给老祖们把“钱”送过去，他们也得过年啊！去得越早越好，先送去了先用，一般村民怎么着也得在腊月二十九、三十之前上完坟。这个基本上没有落下的，不去上坟的话，不就是把老祖宗们给忘了啊！人忘了本哪能行呢？人得知上知下、知老知小。现在社会，必须得有规矩，你得知道上下怎么来的才行。小孩儿一般也不知道，这时候你得指给他，慢慢教给他们这些东西，这才能一代代地往下传。①

① 被访谈人：张乐惠，男，73岁，鲁桥村村民。访谈时间：2012年10月27日。访谈地点：鲁桥村。访谈人：孔军。

鲁桥村村民给祖先上坟的程序丝毫不能马虎，他们会提前准备好果供、烟、酒及鞭炮等各种祭奠物品。到了腊月二十四日下午三四点钟，家中男性会用一种称作“说”（土音为“fo”，一声）的圆形铁器，配合一根木棍，给祖先们印制上坟用的纸钱。村民先在提前买好的黄纸上面用力击打，留下铜钱形状的印痕，然后依次叠放整齐。村民在购买黄纸时，商家还会随机赠送一些面值为一亿金额的冥币，意在凸显给祖先上坟送钱的金额要足够大，以显示子孙祭奠之诚意。当然，给祖先上坟的时间越早越好。在其他村民看来，这意味着家族人烟旺盛，而且家庭睦顺。去墓地上坟时，后人要按照祖先的辈次顺序依次烧纸、敬酒、献烟、磕头，最后燃放鞭炮，以祈求祖先保佑家庭生活平安。离开墓地前，还要象征性地捡拾几根柴火草棒放到装有上坟物品的提篮中带走。等回家后，再把捡拾的柴火倒在灶台旁边烧掉，寓意“拾财”，村民认为这样做可以庇佑家庭财源广进。

3.春节

春节是鲁桥村村民一年之中最为重视的一个传统民俗节日。春节习俗中的核心内容仍被当地乡民坚守传承并实践至今，相关民俗禁忌依然被村民遵守并发挥实际效用。春节里的祭祖、敬神、拜年、串亲访友等活动，在强化鲁桥村家族观念的同时还能够融洽邻里亲朋之间的关系，村民通过祭祖、供神等信仰仪式来寻求精神上的慰藉。一般从腊月二十四祭灶日开始，一直到大年初五，这一时段是鲁桥村各个家庭之间特别忙碌的日子。村民们不仅要走亲访友，清扫家庭卫生，赶年集准备年货，还要进行贴对联、炸酥菜、炒花生、剁馅子、包饺子、烙煎饼等各种年节活动。虽然春节活动繁复忙碌，但村民们乐此不疲，而这一连串不停歇的忙碌都是在为全家共同度过一个和美有加的春节做准备。

看亲。春节走亲戚是一道必不可少的程序，也叫“看亲”。一般过了腊月十五以后，亲邻之间互相走亲戚的人数逐渐增多。鲁桥村村中的几家商店，也会在腊月十五之前供应烟、酒、牛奶等各种礼品。亲戚之间相互馈赠礼品，不仅可以团结邻里关系，也能够和睦亲朋。鲁桥村一般流行在年前走亲戚。而与其相距不远的滕州一带的农村，则流行在年后走亲戚。走亲戚时，村民一般需要携带食用油、牛奶、白酒、鸡、鱼等日常生活用品，数量越多，越显得重视。鲁桥村走亲戚并无确定的先后顺序，传统的规矩是先看岳

父母、舅父母、姨父母等姻亲属，而出嫁后的闺女也要在春节前回娘家看亲。在鲁桥村，新婚夫妇结婚后的第一个春节，看亲之礼尤为讲究。对于新女婿而言，这是他走丈人家的第一个重要节日，男方家里人自然十分重视，不能因此失了礼节。新女婿不仅要携带烟、酒、鱼、鸡等重礼看望岳父母一家，还要连同看望岳父的父、兄、弟等近亲属，赠送的礼物略少于岳父母家。被看望的家人收礼后还要回礼，一般是把赠送的礼物返回一半，同时回赠一份粉条，表示亲戚之间的感情连续不断之意。

赶年集、备年货。进入腊月之后，鲁桥村村民会提前到周边集市上添置年货，准备迎接即将到来的春节。一般情况下，过了祭灶的日子，各种年货便开始在鲁桥村附近的集市上售卖。因为鲁桥村逢集的日子为农历的二、五、七、十，一般十天之内有四次集市交易活动，与周边的后湾村集市相比规模更大，所以腊月二十五、二十七和三十是十分重要的年关大集。而在当地还有一个不成文的规定，如果当年春节没有年三十，腊月二十九是除夕日，村民俗称"小进"。在腊月二十九当天，村民也会像往年腊月三十逢集一样去集市赶大集，市场上人头攒动，热闹非凡。现在村民的物质生活水平有了很大的提高，年关集市上摆满了各种各样的年货，如对联、年画、老皇历等年节必备物品在集市上应有尽有，各式青菜、鸡鱼肉蛋等生活用品亦是源源不断地供应。当然，对于精打细算的鲁桥村村民而言，他们多会选择在腊月二十五的集市上添购各种年货物品，因为相比较年三十来说，这天的年货价格要实惠很多。

清扫卫生、搭天棚、炸酥菜。接近年关，尤其是年三十当天，鲁桥村村民会专门抽出时间把家庭的各处角落打扫得干干净净。除了清理张贴对联的门框、门扇，扫除屋内的灰尘外，还要把晚上祭祀祖先的各种器皿清洗干净。此外，年三十之前村民也要抽空处理个人卫生，如理发、洗澡、购置新衣等。在鲁桥村，春节前村民无论忙闲，都要去理发店理发，当地戏称"有钱没钱，剃个光头过年"[①]。剃头的寓意在于不论家庭穷富状况如何，但春节是必须要过的节日。剃头理发也预示着一切从头做起，期盼来年能过上更红火的日子。

① 被访谈人：张运奎，男，57岁，鲁桥村村民。访谈时间：2012年10月27日。访谈地点：鲁桥村。访谈人：张兴宇。

过去鲁桥村的农房多面朝南向而建，房屋建筑样式为北方常见的四合院结构建制，所以家中一般都会设有一处天井院。春节期间村民会在天井院搭建天棚并且裱糊天地，俗称“糊天地皮子”，也叫“天老爷”。搭天棚指的是搭建敬天地的神棚，即用农村常见的玉米秸秆或高粱秸秆把天井院中香台的东、西、北三个方向围起来，南面留门，顶部用青竹盖顶，如果没有青竹，也可用松柏枝替代。裱糊好的“天地皮子”安放在香台北面的中间部位，等到年三十晚上再摆放供品虔诚供奉。除鲁桥村一部分上了年纪的老人仍旧沿袭过去在室外搭建天棚的习俗外，现在村民一般在家中堂屋供奉祖先。

在鲁桥村，大概到了腊月二十六七日，村中妇女则会忙碌于准备年节期间使用的酥菜。酥菜是一种和面油炸的食物，原料多是土豆、山药和丸子等当地常见的食材，富裕一些的家庭还会用赶年集时购买的鱼、肉等食品炸制成酥鱼、酥肉。做酥菜时，从一开始给土豆、山药去皮，到焯水、加面粉调制，再到入锅生火用大豆油炸酥，妇女们通常需要花费一上午的时间。为了节省时间，周边邻户通常会选择互帮互助。村民炸制的酥菜主要用于春节期间祭祀神灵和祖先，当然祭祀后的供品最终还是被村民自家食用，不致浪费。由于春节期间天气寒冷，村民用豆油或花生油炸制出的酥菜可存放半月之久。此外，鲁桥村村民炸制酥菜时还有一定的禁忌。例如，家中孩童看到长辈炸酥菜的时候不准说“别炸糊了”之类的玩笑话，如果不小心脱口而出，此时长辈会提出善意的呵斥：“不要乱说，说了缝嘴。”而且，炸好的酥菜应当先供祭拜的祖先、神灵享用，家人不能先行偷吃。

贴对联、摆供、拦门棍。春节期间张贴对联是鲁桥村每个家庭必不可少的一项活动，张贴时一般由孩童或青年在家中长辈的指点下合作完成。过去鲁桥村春节期间并不时兴张贴带有文字字样的对联，那时村民家中张贴的多是印有秦叔宝、尉迟敬德等人像的木版年画。20 世纪 80 年代以后，张贴纸质文字对联之风渐兴，村民从集市上购置来的对联多为红底黑字或者红底金字。张贴范围主要包括大门、屋门门心、门框等位置，还有床头、粮仓、井沿旁等地方。对联内容主要书写“身体健康”“对我生财”“六畜兴旺”“苍龙引进”“出门见喜”“满园春光”等吉祥字样，配以“福”字相称。张贴时“福”字可以倒贴，以表示“福到了”之寓意。村民张贴对联前还要提前熬制好糨糊，鲁桥村熬制糨糊的方法是先将冷水放于锅中，然后把少许面粉放置

进去，同时用棍棒不停搅拌，直至锅内发出“咕嘟咕嘟”的声响，面粉也逐渐融入水中变成黏稠的状态。糨糊熬制好后需趁热使用。一般情况下，鲁桥村村民多会在年三十下午之前张贴好对联，之后还要燃放鞭炮以示完成。“文化大革命”以前，鲁桥村村民普遍生活贫穷，时有欠债的情况发生。为防止他人在春节前上门讨债，村民会及早地把对联贴在门上。因为在当地流传着一种约定俗成的信俗，如果村民在家院门口已经张贴好了对联，那么春节前其他村民就不能再到其家中讨债。

到了除夕傍晚，鲁桥村家家户户都会忙活着给祖先摆供，虔诚供奉祖先。摆供一般要在年三十夜晚 12 点之前完成，村民把裱糊好的“天地皮子(天老爷)”摆放在供桌北面的正中间位置。敬神准备的供品多是整鸡、整鱼，再配上五盘五色面果、五碗染有红点的馒头、五盘蒸熟的小菜，菜品如红粉皮、红菠菜、红萝卜、山药、白菜等。正对“天地皮子”的方桌南边要摆上香炉，燃香三支，两边各点燃一支红蜡烛，斟满酒、茶各两杯。摆好供后，村民需要在家中的大门和屋门门前摆放拦门棍。拦门棍实际上是一根长过大门的木棍，除夕时将其横放在门口，村民认为一可防止家中财富外流，二能防野鬼孤魂在过年时闯入家门作恶。

摆供敬神

除夕当晚，鲁桥村各户要以家庭为单位聚在一起包饺子，吃年夜饭，看春晚，俗称“守岁”。饺子馅一般为萝卜肉馅和芹菜肉馅，并包上几个内有麦麸子、钱和糖块的饺子。村民认为，如果第二天谁能吃到这些饺子，便预示着新年会有好的运气。等到了夜间 12 点，家中的长辈还要进行“发纸”的信仰仪式。鲁桥村村民会在白天提前捏制元宝用来“发纸”，一般是把从集市

福气水饺

上买来的金银箔纸手工叠成元宝形状，再串到一起摆在供桌两旁备用。等到“发纸”时，村民先燃香并焚烧少量元宝和黄表纸，然后再到大门外燃放鞭炮。紧接着象征性地在焚烧的纸钱上洒倒一些供茶、供酒，以表示迎接诸神的到来。家中孩童如果此时还未睡觉，长辈便会指使他们站到屋门外，而后敲着门框大声喊叫：“哞哞哞哞恁都来，黑忙牛黄抵牛，都来俺家戴龙头。又有料，又有草，来到俺家吃个饱。”[①] 以此祈求来年六畜兴旺、五谷丰登。

拜年、年节活动。大年初一一早起床，鲁桥村各家户晚辈的第一件事就是给长辈拜年。拜年时一般要跪地磕三个头，头一个磕给老天爷，第二个和第三个磕给家中长辈。长辈此时要给晚辈发放红包，俗称“待岁钱”或者“压岁钱”。红包数目依各家经济条件而定，也有村民会在除夕守岁的晚上给孩子发放压岁钱。之后同一家族内的兄弟叔侄会相约到各家各户拜年，拜年对象主要是家族中的长辈和同辈中的年长者。村民按照同姓族人长辈在先、异姓亲邻长辈在后的顺序依次进行拜年。熟人见面时，相互之间第一句多会问候“见面发财”“新年快乐”等吉利话，以求新的一年顺顺利利。一般情况下，鲁桥村男性村民主要在大年初一上午拜年，而村中女性多在下午出门给家族中的长辈拜年。长辈接受拜年时，则会寒暄几句“不用磕啦，给天老爷磕一个头就行啦”的客套话，然后再把晚辈拉起来，并把家中准备好的糖果、花生等食品分给年轻人。

① 被访谈人：张文山，男，80岁，鲁桥村村民。访谈时间：2012年10月26日。访谈地点：鲁桥村。访谈人：张兴宇。

拜　年

在鲁桥村，还流传着一种“白事当年不拜年”的特殊民间习俗。如果鲁桥村村民家中当年有长者逝世，春节期间这户村民不会参与拜年活动，门院也不张贴对联。一般在大年初一当天紧闭家中大门，其他村民看到后多会主动绕行。大年初一当天，家中不允许吃饺子，以示对逝者的尊重。等到大年初二时，周边亲邻专门会给这家人送过去一些包好的饺子食用。一般在第二年，村民可以张贴蓝色的纸质对联。到了第三年，可以正常张贴红色对联。

在鲁桥村正月初二一般是闺女回娘家的日子。这一天，已经出嫁的女儿会携带全家人员回娘家拜年。正月初三，当地称作“小阎王祭”，这一天不能走亲访友，禁忌动针线、刀、农具等家用物品。村民认为，如果乱动，可能会给家庭带来灾难。初三早晨，鲁桥村村民还要烧纸、焚香，请天老爷等诸神归天，祭拜过的供品此时可供家人享用。正月初四宴客会友，亲朋好友多选择在这一天聚会，饮酒作乐。旧时如果邻里之间有感情不和睦的情况，则可以在当日将其请到家中让人说和，以求和睦，免于今后再发生纠纷。正月初五俗称“五忙日”，此时鲁桥村春节期间的主要庆贺活动基本告一段落。商家多会在初五这一天开门营业，燃放鞭炮祈求开市大吉。在当地，春节节日氛围一直要延续到农历二月二才算真正结束，此后人们开始新一年的忙

碌生活。过去周边村落的富有人家，还会在春节期间出资请人唱戏助兴，但在鲁桥村并没有相关的集体性春节娱乐活动。村民在年节期间常见的娱乐方式主要包括打牌、拉呱等活动，娱乐内容较为单调。

4. 元宵节

农历正月十五是元宵节，在鲁桥村有"正月十五闹元宵"的民间说法。元宵节当天，鲁桥村村民的主食为汤圆。汤圆馅一般是五仁和豆沙两种，食用汤圆寓意团团圆圆，生活幸福美满。因为这一天是一年之中的第一个月圆日，所以村民以"闹"字为主，"闹"的主要内容则是放烟花、点灯。元宵节对鲁桥村的孩童而言，无疑是快乐的日子，因为在当天可以燃放、观赏美丽的烟花。村民燃放的烟花现在基本上都是从市场上购置而来的，各式各样的"开天雷""提溜锦""地老鼠"等烟花应有尽有。在元宵节当天晚上，鲁桥村孩童还要在长辈的指引下，打着新买的灯笼在家院中四处走动。村民也会用蒸制好的面灯照一照孩童的眼睛，同时念叨"照照眼，不害眼"之类的吉利话语，以求孩童眼睛明亮健康。过去鲁桥村家家户户都会在这一天蒸面灯。制作面灯的原料是玉米面或高粱面。一次需要蒸 12 个，象征着一年有 12 个月。晚上村民将其全部点着，等到最后燃尽，再仔细查看每一个面灯里面遗留的油量，预示来年当月的雨水量。在 20 世纪 80 年代以前，鲁桥村还有在元宵节或二月二时"扔把子烧灾"的习俗，即在元宵节当日晚上，村子里的男孩子会把收集好的刷帚把子一块放在院子里点燃，然后将其往天上扔。村民认为这样可以把过去一年的灾气扔掉，同时希望来年能够带来福气。村民张乐惠说：

> 过去，在元宵节或者是二月二，家里的小孩就把刷锅用的刷帚把子积攒起来，提前晒干，等到这天晚上，找一片空地，把这些东西点着了往天上扔。老一辈人说这个能避灾祛难，其实都是迷信的说法。①

与周边村落一样，鲁桥村也有已出嫁的闺女正月十五不能在娘家观灯的习俗。当地村民的说法是"看了娘家灯，死她老公公"，意寓对家人不利。等过了正月十五，娘家舅还要上门把出嫁的闺女接回娘家过节。鲁桥村村中传有俗谚："正月十六好日子，家家户户接妮子。接了妮子不是客，自己做

① 被访谈人：张乐惠，男，73 岁，鲁桥村村民。访谈时间：2012 年 10 月 27 日。访谈地点：鲁桥村。访谈人：孔军。

饭自己吃。”按照当地的习俗，被接回去的闺女在娘家可以一直待到农历二月初二。但在二月初二之前，出嫁闺女必须返回婆家。

5. 二月二

农历二月初二，鲁桥村村民多认为是“龙抬头”的日子。村民会在这一天围仓龙，撒青灰，炒黄豆。依照传统农事经验，进入农历二月之后，下蛰的各种动物逐渐开始活跃起来。在鲁桥村，围仓龙的程序十分考究。当天一早起床，村民先在家院中用青灰围成圆圈样式的粮囤，数目为3～5圈。紧接着要在中间挖个小坑作为囤底，然后往里边放入麦子、高粱、大豆、绿豆和棉花种等五谷杂粮，再找一瓦片盖上即可。等3天之后，村民需用簸箕把这5种粮食放入仓囤，俗称“收仓”。以此祈求苍龙引进，粮食满囤。

撒青灰是指村民在二月初二清晨于自家大院门前撒上一把青灰，祈求引进苍龙，当地有“二月二撒青灰，蝎子蚰蜒死成堆”的民谚。过去鲁桥村村民在过二月二时，还流传着一种边敲打门窗边唱歌谣的民间习俗，这些民谣蕴含着当地村民巧借“二月二龙抬头”之日规避毒虫侵害、祈求生活富足的朴素愿望。大致内容如下：

二月二，敲门框，金子银子往家扛。
二月二，敲瓢碴，十窝老鼠九窝瞎。
还有一窝没瞎的，跟谁有仇上谁家。
二月二，敲门枕，金子银子往家滚。
二月二，敲梁头，金子银子往家流。[①]

炒黄豆是鲁桥村村民过二月二的特色食物。当天清晨，鲁桥村村民会早早起床准备炒制黄豆。黄豆主要以白糖或红糖为佐料炒制，炒好后黏连成块状，趁热食用，味道上佳，俗称“炒糖豆子”。二月二炒黄豆取其寓意为“炒蝎子爪”。虽然在鲁桥村这样一个平原村落很少见到蝎子等小虫物，但村民传说，食用炒黄豆之后，可在一年内避免被蝎子蜇伤。鲁桥村村民在二月二当天还有许多民间禁忌，如当天忌讳动针线、推磨等。村民担心此种不当行为会压了龙头，伤及龙眼，可能会给百姓生活带来不测之灾。

① 被访谈人：张文田，男，70岁，鲁桥村村民。访谈时间：2012年1月20日。访谈地点：鲁桥村。访谈人：张兴宇。

6. 清明节

清明节为公历4月5日，这一天主要是上坟祭祖的日子。清明节在鲁桥村又被称为“寒食节”“过寒食”。村民认为，清明节主要是为纪念被火烧死的历史人物介子推而设。鲁桥村在清明节有禁止开灶动火之俗，村民当天需冷灶冷食。而且，在清明节当天，鲁桥村村民一般会把新折的柳枝插在家中的门窗上，当地传有“清明不插柳，死了变黄狗”之民谚。有些村民还会在这一天给自家的看家狗戴上编织好的柳条圈，以避免虱虫侵扰。鲁桥村村民多在清明前一日下午去墓地上坟祭祖，村民认为上坟祭祖这一类事情，应当“尽早不尽晚”。去上坟的一般为家中男性，此时已出嫁的闺女也可以在清明、十月一时回家给逝去的老人上坟。上坟时一般要携带香支、干鲜水果和鞭炮等物品，即上坟祭奠。过去鲁桥村村民常会选择在清明期间举行添坟仪式。如果家族坟墓出现塌陷等问题，可在此日添补、整修。此外，村民认为，通过观察清明节当天的天气情况，能够判断当年收成丰歉。如果当天天气晴朗，则意味着当年农作物可能取得好收成。但如果遇到阴雨天气，则预示着当年收成可能不佳，村中传有“清明晒干柳，一棵秫秫打一斗”的说法。

村民上坟祭祖

7. 端午节

农历五月初五是端午节，村民一般认为这是为纪念屈原而设的传统节日。鲁桥村村民多会在这一天插艾叶、煮鸡蛋、吃粽子。端午节当天早晨，村民要在家中门框上插艾草，有辟邪除毒之意。艾草一般在村中井沿、沟边自然生长而成，也有村民从集市上购买。煮鸡蛋所用的佐料也是以艾叶作底料，据说在端午节吃了用艾草煮的鸡蛋可以健身壮骨。粽子多是到集市购买。在过去，鲁桥村流传着一系列生动有趣的端午节俗。例如，村中妇女会在当天太阳未出之前到田间采集麦穗等杂粮，连同存放的高粱、谷子等五谷杂粮放入铁锅内炒煳后存放起来，俗称“糊粮食茶”，据说饮用后有帮助消化的功效。端午节当天早晨，村民用韭菜地中的露水清洗眼睛，据说可以治疗眼疾。在鲁桥村，村民还会给家中孩童佩戴用五色丝线绣制的布包，里面放入混杂了艾叶、茴香等材料的香袋，据说能够避免蚊虫叮咬。此外，鲁桥村还有一定的端午节禁忌。例如，已出嫁的闺女禁忌端午节在娘家居住。时至今日，这些端午习俗在鲁桥村已不多见，端午节在村民心中的重要程度也远不如前。

8. 五月十三“关公磨刀”

农历五月十三日，鲁桥村村民认为是关公磨大刀的日子，俗称“关老爷磨刀”。村民传说关公磨刀需要用水，而磨刀水流到地下就变成了雨水。一般当天都会下雨，当地有“大旱不过五月十三”的说法。过去如果遭遇大旱年份，过了农历五月十三老天还未降雨，鲁桥村村民则会举办敬神仪式，向天祈雨。村民一般以家族为组织单位，全村联合准备各种供品，焚香燃炮，虔诚敬神求雨。现今鲁桥村敬神祈雨一俗已废。

9. 六月初一“过半年”

农历六月初一，在鲁桥村俗称“过小年”“过半年”。当天鲁桥村整个村子如同过春节一样热闹，村民家家户户都会摆供敬神，吃水饺，燃放鞭炮。按照村民的说法，“过半年”习俗主要是村民对当年前半段生活的阶段性总结。如村民张乐好所讲：

> 六月初一是半年节，俺这里一般叫“过小年”，等到年底的那个春节叫“过大年”。因为距离正式的新年还有整半年的时间，这也算是一种纪念方式。老百姓总结一下上半年的生活得失，也期待下半年日子过

得顺利、过得更好。[①]

六月初一当天，鲁桥村村民要摆供敬神。村民认为，由于过半年只敬神，不请神，所以敬神的物品不如春节时隆重。村民一般是在堂屋的八仙桌上摆放酒、茶、干果、水果等简易供品。在焚香敬拜之后，家家户户还要燃放鞭炮迎接半年的到来。村民在当天多吃素馅水饺，且以韭菜、鸡蛋馅居多。过去，在鲁桥村还传有六月初一“交红”的习俗，村民也称之为“种花”。鲁桥村的孩童一般在2周岁左右要接种牛痘，接种后孩童的父母则会在家院门前悬挂长条形的红条旗，以此告知外人家中有小孩种了牛痘，不可随便出入。等到农历六月初一当天，村民才会把悬挂的红条旗摘除，以示种痘顺利。而在之前几日，为庆贺孩童顺利种痘并结疤，孩童的姑、姨和姥娘等亲属需给孩童送去烧饼、油条等礼物，俗称“掉疤”。

10. 六月六“晒龙袍”

鲁桥村村民传说农历六月初六是玉皇大帝晒龙衣的日子，当天一般天气晴朗，很少降雨。村中传有“六月六，晒龙袍”的说法。但此日之后则预示雨季来临，当地将进入持续性阴雨状态。鲁桥村村民为了防止长期阴雨导致家中衣物霉变，多会在这一天把箱底衣物拿出来晒干收藏。

11. 七月初七

农历七月初七是七夕节，鲁桥村村民俗称“可怜日”。民间传说牛郎织女在七夕当天相会于天河。织女手巧，精通纺织刺绣。过去在鲁桥村，村中流传着在七夕时向织女“乞巧”的习俗。当晚村中未出嫁的闺女会摆供诚心祭拜织女，祈求织女传授纺织技艺。村民传说当天夜晚在自家院落的葡萄架下放置一盆清水，即可听见牛郎织女的窃窃私语。在当地，七夕当天多会下雨。村民认为，牛郎织女平日难得相见，难免悲伤落泪，而泪水从天上降落到人间自然就变成了雨水，根据雨量大小可以判断牛郎织女相会时的悲伤状况。现在村民已不过此节。

12. 七月十五

农历七月十五是“鬼节”，这一天鲁桥村家家户户都要去墓地给家族中的亡人上坟祭奠。村民认为“鬼节”为不祥之节，所以当晚会告诫家中孩童

① 被访谈人：张乐好，男，68岁，鲁桥村村民。访谈时间：2012年10月27日。访谈地点：鲁桥村。访谈人：周明霞、刘若轩。

不可随便外出，以免恶鬼上身，带来病害。当日饮食并无特殊禁忌，主要活动是上坟祭祖。鲁桥村村民认为，此时是阳间亲人给阴间亡人"送钱"的日子，所以上坟的时间越早越好，送"钱"数额越多越好。与清明节的上坟习俗大致相同，七月十五的上坟人员也多为家中男性，村民一般需在七月十五之前上完坟。鲁桥村村民首先要祭奠家族坟地的"老祖"，以示尊敬祖宗，然后再去自家坟头祭拜。村民去自家坟地上坟时，先是在祖先坟头旁用一根木棒画个圆圈，这表示在哪个坟头烧纸，纸钱就是送给哪位亡人的，他者不可盗用。祭奠顺序大致包括烧纸，敬烟、酒，撒糖块，燃放鞭炮，磕头等几项，村民同时要念叨几句"××，给您送钱来了，请您保佑全家大小平平安安"之类的祈福话语。上坟完毕，村民需在祖茔周边捡拾一些树枝、草棒之类的物品装入提篮并带回家中。过去，鲁桥村村民还有在古薛河上放河灯的习俗。村民认为，七月十五放河灯既是对逝者的一种悼念，也蕴含着对生者的诚心祝福。

13. 中秋节

农历八月十五是中秋节，也是举家团圆的日子，鲁桥村村民称之为"圆月"。当地的中秋节习俗主要包括走亲戚、拜月、家庭团圆等几个方面。一般在八月十五之前，村民就开始准备各种中秋礼品，然后互相串亲戚赠送礼物，俗称"送节礼"。家中晚辈多会带上酒、牛奶和月饼等礼品依次去姑、舅、姨家探望。鲁桥村村民走亲戚的顺序并不固定，但对重要的姻亲都要去送节礼。对于刚结婚的夫妇来说，他们走亲戚所携带的中秋节礼则更加贵重。新女婿去探望岳父、岳母时，要带上鸡、鱼、牛奶、食用油等日常礼物，且多要求准备双数。村民特别讲究馈赠礼物的质量和数量，以免在送礼过程中失了面子，被人笑话。进入农历八月中旬，

八月十五敬老天

鲁桥村各家各户的农作物基本已收割大半。中秋之夜，村民们还会在庭院之内摆上各种酒菜、水果及月饼等食品，全家围坐在一起饮酒聚餐。大家一边观赏明月，一边举杯畅饮，共庆丰收欢聚之乐。过去在鲁桥村还流传着八月十五“拜月”的民间习俗。村民一般要准备四样或六样干鲜瓜果作为拜月供品，然后在晚上月出之后焚香敬拜，也称“拜月姥娘”。鲁桥村村民还会依据中秋节当晚的天气状况预测来年农作物的收成光景，村中流传着“八月十五云遮月，待到来年雪打灯”的民谚。

14. 重阳节

农历九月九日是重阳节，村民也叫“敬老节”。九为阳数之极，九九相逢，故名“重阳”。此时正逢秋高气爽，适宜登高远望。虽然多数鲁桥村村民都知道重阳节是敬老节，但村民一般不过此节，也无特殊节俗。近些年来，村中有些年轻村民会在重阳节时给家中长辈购买礼品表示孝心，但这种现象并不普遍。而当地村民记忆深刻的则是重阳节之后的民间庙会。农历九月十二日是当地著名的千山头庙会，会期长达三日，热闹无比。鲁桥村距离千山头不足1000米，村民多在九月十二当天登山赶庙会，俗称“赶九月十二”。

15. 十月初一

农历十月初一也是鲁桥村村民上坟祭祖的日子，俗称“送寒衣”。鲁桥村男性村民一般习惯于提前一天到自家坟地给逝去的亲人上坟，已出嫁的闺女也可以在这个时候返回娘家为逝去的父母上坟。村民准备的上坟供品与清明、七月十五、年节相比并无太大差异，但有些家户会在上坟祭祖时专门为亡人烧送一些纸质衣服，以此寓意天气转冷，亡人在阴间也有足够的衣服过冬御寒。

16. 节气节日

在鲁桥村，除了以上传统节日门类之外，在日常生活中还传承着立春、夏伏、立秋、冬至等四种节气节日，节俗形式丰富多样。立春是每年伊始的第一个重要节气，村民俗称“打春”。一般在立春前一天，鲁桥村妇女会用彩色的碎布头缝制成“春公鸡”，然后给家中孩童穿戴。“春公鸡”一般缝在左侧衣袖上，公鸡的内里多用棉花或者谷物充实，公鸡嘴上悬挂几粒黄豆或辣椒种子。因为鸡寓意“吉祥”，寄托了长辈对孩子吉祥健康、茁壮成长的殷切

希望。夏伏，夏至第三个庚日为头伏，之后每隔十天为一伏，在鲁桥村有“冷在三九，热在中伏”之民谚，习武之人还有“冬练三九，夏练三伏”的说法。鲁桥村村民有三伏天喝凉面条、吃凉粉的习俗。立秋，此时天气转寒，在鲁桥村有立秋当天不能去河里洗凉水澡的说法，否则身上会长“秋狗子”。冬至，鲁桥村村民又称为“数九日”，即从二十四节气中的冬至日这一天开始算起，九天为“一九”，一直往后数九个九天。等到这九个九天数完，冬天宣告结束，春天即将来临，当地有“九尽杨花开”的说法。在数九日当天，鲁桥村各家各户会用鸡、鸭、羊肉配以各种调料煮汤喝，据说喝了之后有治疗腰酸、胃痛、咳嗽等各种疾病的功效。

随着现代经济社会的不断发展和村落传统家庭生活结构的重组，鲁桥村部分传统节日习俗已然发生了较为显著的变化。面对鲁桥村近百年来岁时节令变迁所遭遇的生活传承困境，村民认为，其主要原因在于现代村落生活方式的发展变化使得某些传统岁时节日不再与民众的日常生活节奏相适应。如一年之中鲁桥村村民最为看重的春节、半年节和中秋节三大传统节日，其节日活动流程和习俗内容也随着时代的发展得到扬弃。而生活在鲁桥村的年轻一代村民对待传统岁时节日的文化感知态度相对更加淡薄，村落经济、社会结构的加速变化导致村民不得不改变和适应新的地方节日文化传统。例如，鲁桥村村民在当下并不重视五月十三、七夕节、重阳节等传统节日和部分节气节日。在多数情况下，村民只闻其名，未见其俗。这一类民间节日的节俗表现形式与村民的日常生活需求渐行渐远，在村落节日生活体系中呈现出明显的衰退态势。

三、人情往来

乡土村落作为一个小型的生活共同体单位，村民之间每日“低头不见抬头见”，长期维持着一种相对稳固的熟人社会关系网络。这种村落人际交往关系框架的建构，主要通过村民在日常生活层面的“人情往来”得以实现。例如，村民之间在夏秋农忙时节的帮工合作，或是在年节期间的走亲访友，又或在婚丧嫁娶时的礼俗“来往”规矩等，共同构成了村落社交礼仪生活的主要内容。这些方面无不体现出村落社区“人情往来”实践的一种共性特征，即由父系血缘建立的家族关系和以母系血缘搭建的姻亲关系成为村落日常交往生活实践的重要纽带。

不仅如此，在过去不断遭遇战乱、灾荒等各种生存威胁的动荡年代，鲁桥村村民尤其需要这种“抱团式”的生活方式，此时人们之间的“人情往来”关系则充当着凝聚村落人心的关键角色。当然，围绕个体家庭日常生活交往领域的关系拓展和维系并非只凭单一的亲属纽带来完成，在乡土村落中还普遍存在着“缔结义亲”等其他拟亲属关系类型，它们在村落日常生活中也发挥着相当重要的交往互助功能。具体到鲁桥村村民的人情往来实践而言，大体包括日常社交礼仪、年节交往礼仪、婚丧嫁娶礼仪及结义亲礼仪等四个方面。

鲁桥村村民的日常社交礼仪主要表现在个人与家庭之间、家庭与家族之间、家族与村落之间等不同层次上。在鲁桥村，普遍流传着“家家有本难念的经”“清官难断家务事”等说法。一般来说，个人与家庭成员之间的相处，主要遵循着“尊老爱幼，孝顺为先，和睦谦让”的基本准则。就个体家庭而言，年长者生活经验较为丰富，在家中拥有一定的威望，平时可以为后辈们提供各种生活建议。年幼者少时无知，平常主要听从于父母的管教。但是由于成年村民受教育水平普遍有限，在孩童的成长教育方面并无多少经验。尤其是今日，随着个体家庭生活水平的不断提高，当地村民溺爱孩童的情况时有发生。如何恰当处理父母与孩童之间的关系问题，近些年也逐渐成为鲁桥村村民关注的焦点问题。如村民所讲：

> 现在的小孩子忒难管了，都被父母惯得不行啊！老百姓都觉得现在家中的孩子少了，能给他提供多好的条件，就想方设法地提供。家长不愿孩子受什么委屈，宁愿自己吃亏，也不想孩子受苦。但是现在的小孩还不领情，这主要就是教育的问题。一般情况下都忙工作或田里活计，也没工夫管孩子，主要就是交给学校的老师管；放学回家都随他便，想干嘛干嘛。教育孩子的问题现在在村里很普遍，老百姓觉得也没办法。①

目前，鲁桥村家庭日常生活模式以“男主外，女主内”为典型。家中成年

① 被访谈人：张乐惠，男，73岁，鲁桥村村民。访谈时间：2012年10月27日。访谈地点：鲁桥村。访谈人：孔军。

男性日常忙于工作挣钱养家，家中成年女性则忙于掌管和操持烦琐的家庭事务。在大多数情况下，鲁桥村家庭内部成员的关系比较内敛和含蓄，“严父慈母”的家庭关系模式在村中较为常见，父母与子女之间一般没有太多的公共情感表达。值得注意的现象是，在纷繁复杂的村落生活中，村民家庭内部的关系交往也并非完全风平浪静。例如“婆媳关系”“妯娌关系”等始终是部分鲁桥村村民的痛点。家庭内部成员之间一旦出现了琐碎的生活矛盾，陷入关系破裂僵局，“互不搭腔”是村民们比较典型的处理方式。不仅如此，至今在鲁桥村仍有一部分村民残存着比较浓重的“重男轻女”观念。尽管前些年国家计划生育政策收紧，但村民仍想方设法生育男孩，四口之家甚至五口之家的情况在鲁桥村也较为常见。与此相对应的是，普通村民的日常经济收入水平并没有得到提升，这不仅降低了个体家庭的生活质量，也无形中加剧了家庭内部成员的紧张关系。

“远亲不如近邻”是鲁桥村村民经常挂在嘴边的一句俗语。邻里之间的关系相处，主要以互惠为基本原则。在村落日常生活中，鲁桥村村民十分重视和邻居之间的相处问题。例如，平时村民在街中偶然碰面，遵循着一定的问候礼数。通常会先问上一句“吃饭了么”“喝汤了么”等客套话语，然后再攀谈一番。村民骑车出外赶集，如在路中相遇，多半也会停下车来寒暄问候。待双方离开时，村民还会习惯性地询问对方一句：“赶集还用钱不？”对方则礼貌性地回以：“不用，不用，带足了。”而到夏、秋农忙季节，如果田地中农活太多，村民一时忙不完，此时也会邀请邻居帮工。至于新建房屋、婚丧嫁娶等家庭生活大事，则更离不开周边邻居的热心帮助。平时村民家中如果制作一些不常食用的可口美食，通常也会拿出来与邻居们分享。在农闲时，街坊四邻常会聚在一起拉呱逗趣，讨论村中最近发生的各种琐碎事情。村民之间有时也会相互玩笑，插科打诨，乐在其中。

在鲁桥村，村民们每遇生老病死、婚丧嫁娶之事，则通常会涉及整个村落家族和外村亲戚的人情往来问题。鲁桥人尤其“好面子”，当地有句俗语叫“来往来往，越来越往”，因此每当牵扯到红白喜事等类似村落礼俗交往活动时，鲁桥村村民自然十分重视。无论是婚礼还是丧礼，都需凝聚家庭、家族众人之力才能顺利完成。例如，村中的青年村民到了适婚年龄，在举办婚礼前往往还要经过会亲家、定亲、下启、订婚等各项复杂程序，这就需要家族

中的长辈帮忙操持。而亲戚们则会在婚礼当天前往参加,并为新人送上数百元至数千元不等的礼金。本村的街坊近邻则会遵循以往的随礼规矩送去礼金,以表庆贺。当村民家中碰到生育孩童的情况时,在鲁桥村还有姥姥家给新生儿童“送祝米”的习俗。一般是在小孩出生 12 天之后,娘家人准备各种礼物和礼金到小孩家中庆贺。主家此时要专门摆设席桌热情接待。街坊邻居有来往关系的,也会前往送礼庆贺。如村民张李氏说:

> 以前俺这里小孩出生了之后,会请本家人和亲戚之类的庆祝一下。时间一般定在孩子出生之后 12 天左右,叫“送祝米”。到时候娘家人来送礼,婆家的婶子、大娘也要买东西来看。一般都是在娘家人送祝米那天一起办。过去一个生产队的老百姓互相送红鸡蛋,人家生孩子咱也要送,来来往往的。那会儿还烧红糖茶、散红茶,现在没有了,一般是买糖块送家里来。这些都是婆家人置办的。两个鸡蛋六块糖,给大家伙儿分一分。①

而遇到白事时,凡属家族“五服”之内的成年村民都要派人前往丧主家中帮忙处理丧事。姑、舅、姨等亲戚也会在丧礼期间前往事主家中送去数额不等的礼金,俗称“行来往”。至于亲戚之间红白喜事的随礼数额,村民多是根据以前家庭之间的随礼规矩来确定。一般采用“就高不就低”的原则随礼。当地还流传着一种“红事要叫,白事要到”的民间说法。鲁桥村村民认为,娶媳妇、出嫁等红事属于一个家庭的喜乐之事,所以诚心邀请家族亲邻帮忙时,也要给外人以足够的“面子”。而丧礼本身属于哀伤之事,家族成员要主动前往慰问,并提供力所能及的帮助,以示家族团结之心。

此外,在鲁桥村还流传着“认干娘”“拜仁兄弟”等缔结义亲的拟亲属关系类型。过去农村医疗卫生条件较差,新生儿死亡率较高。村民之间关系相处不错的家户,会在孩童出生不久后,互认对方父母为干爹、干娘,并择日举行认亲仪式,俗称“认干娘”。等干爹、干娘年老之后,干儿子要和亲儿子一样为他们养老送终。还有一种情况是,村中富裕一些的村民家中如果没有儿子,则会与村中生活水平较差但有儿子的家庭结成亲戚,幼童认对方为干娘。等干娘百年之后,要为其戴孝送终。“拜仁兄弟”则是鲁桥村村中青

① 被访谈人:张李氏,女,74 岁,鲁桥村村民。访谈时间:2012 年 10 月 26 日。访谈地点:鲁桥村。访谈人:周明霞、刘若轩。

年男性之间互相结拜为异姓兄弟的拟亲属形式。当地传有“拜七不拜八”“拜单不拜双”的民间习俗。结拜者多属意气相投之辈，过去还要磕头立誓言，兄弟之间在日常生活中互帮互助，待对方父母如亲生父母。但这种拟亲属关系并非完全是稳定不变的，如果仁兄弟之间产生了某些利益纠葛导致关系破裂，也会随之散伙，村民称之为“摔香炉”。鲁桥村村民认为，“认干娘”“拜仁兄弟”等缔结义亲行为是村民维持日常人际往来关系的重要补充。随着村落社会的不断发展和村民文化意识的提升，这种拟亲属社交行为在村落礼俗生活中的地位正逐渐淡化。

第三章
鲁封桥旧事

鲁封桥，乍看起来只是鲁南地区一座平淡无奇的乡间石桥。它外形粗犷，整座桥面以巨型长条青石铺就，唯有桥面上凹陷进去的几十道车辙印痕尚能清晰辨认。在鲁桥村村民之间，还普遍流传着一句“前有车后有辙，千年的古路熬成河”的乡村俗语。鲁封桥位于鲁桥村西口，横跨古薛河东西两岸，其所勾连的东西交通古时曾是滕县通往峄县的一条行路官道，在鲁桥村，村民习惯称其为“老桥”。大多数村民只知它存留年代久远，却并不能说出其准确的修建年代。然而正是这座普普通通的石桥，默默承载着鲁桥村的历史过往。

实际上，在传统村落生活体系之下，鲁封桥与鲁桥村村民之间始终有着密不可分的关联。古往今来，这座石桥不仅满足了村民们日常出行、河边洗衣、取水浇田等多种基础生活需求，而且随着乡村社会的不断发展，鲁封桥正逐渐转化为当地村民的一种精神文化滋养。冬季农闲时节，鲁桥村村民有喜好聚伙拉呱之乡俗，他们通常也会热火朝天地讨论一些有关鲁封桥的陈年往事。而“鲁王封桥”“张果老造桥”等村民口耳相传的传说与故事文本，则成为鲁桥村村民建构村落历史记忆的重要叙事载体。

一、古薛河支流

如前文所述，鲁桥村因鲁封桥而得名。在枣庄市薛城区陶庄镇鲁桥村西口，横跨古薛河东西两岸，矗立着一座被当地村民称之为“鲁封桥”的老式石桥，相传此桥最早修建于明代。《薛城文物与遗存》一书对此石桥有着更为详细的描述：

> 位于陶庄镇鲁桥村的鲁封桥，此桥为青石结构，桥面的石板上出现了较深的车辙，两边有石栏板，桥床低于两侧的护坝，基本为一平面形。桥全长98.3米，宽4.2米，高约5米。桥面基本是用长3.5米、宽1米的长石板铺砌而成的。位于薛城区驻地北8公里处，有一条蜿蜒的薛河南支流，后开挖大明河时水势较大，鲁王为方便当地人们的生活，拨发了银子并号召当地人捐款资助修了石桥，命名为“鲁封桥”。因为这一带土地肥沃，在桥的东头住户逐渐增多，形成了大的村庄，遂命名为“鲁封桥村”，后来把“封”字省略了，称“鲁桥”。此桥现保存完好，周围来往的行人和车辆仍络绎不绝。①

通过文中信息不难发现，鲁封桥的修建时间最早可推至明代。鲁封桥东西横跨的这条河流为古薛河的一条支流，而修建石桥的倡导者被认为是明洪武年间的兖州府鲁王。对于此处提及的鲁王，鲁桥村村民则认为是鲁荒王，即朱檀。他是明太祖朱元璋的第十个儿子，出生于明洪武三年(1370年)二月。据历史文献资料记载：“朱檀被封为鲁王，到15岁时就藩兖州府王位。朱檀一心想长生不老，便信奉道教，终日焚香，炼食仙丹，结果却‘毒发伤目’而于1389年夭折丧命，年仅19岁。朱元璋怒其行为荒唐，赐谥曰荒王。”②又据鲁桥村村民讲述，当年修建这座石桥主要是取自村东千山头上面的大青石，整座桥面用凿刻平整的大青石板铺就。由于石桥表面与古薛河水面基本持平，在夏季丰水期时，古薛河携带的大量水流可以从北至南直接溢漫桥面穿行而过，所以当地村民也称鲁封桥为“水漫桥”。又因古薛河位于鲁桥村村西侧，该村村民习惯于把这条南北流向的河流称为“西河”。被

---

① 沙雪斌总主编：《薛城文物与遗存》，山东友谊出版社2010年版，第102～103页。

② 段奉兰等：《挖掘出来的辉煌世界》，中国和平出版社1999年版，第60页。

鲁桥村村民视为母亲河的这条河流现属薛城十字河水系中的一支。而从历史上看，位于鲁桥村西的这一段河流名称实际上并不明确，村民至少传有“古薛河”“南明河”等多种说法。如村民所讲：

> 俺们鲁桥庄子西边的这条河流有好几种叫法呢。按照过去的称呼，应该是“古薛河”。据说该河是在明朝的时候挖的，它属于古薛水的一个支流，得有好几百年了吧。还有一种说法叫“南明河”。为什么这么叫呢？主要是这条河南边和蟠龙河交汇的那个地方叫“南明河”，因为都是一支水脉过来的，所以叫“南明河”。再就是也有人叫它“大明河”，因为它是明朝时候挖的，所以就有了这么个称呼。庄里的老百姓一般都叫它“西河”，因为它就在庄子西边嘛。也有人叫它“沙河”，因为这条河过去出产的沙质好。这条河一直也没有什么固定的名字，但是这个老桥还是有年头的，都知道是鲁封桥。现在这条河流所在的地方可能都归十字河水系吧，总体上说这还应该是古薛河。那不在村北边滕县地界人家还修了个古薛河公园？[①]

古薛河支流

① 被访谈人：郭传怀，男，75岁，鲁桥村村民。访谈时间：2012年10月27日。访谈地点：鲁桥村。访谈人：张兴宇、孔军。

毋庸置疑，这条涓流不息并最终汇入微山湖的河流是追溯鲁封桥及其所在村落历史的关键性线索之一，故需对此条河流的历史源流脉络予以简要梳理。目前，薛城十字河水系主要包括古薛河、薛沙河和新薛河三条河道，其总流域面积达1203平方公里。其中薛沙河全称为“薛城大沙河”。薛城大沙河是目前薛城区境内流域面积最大的一条河流。它发源于山亭区柏山飞来泉一带，境内全长40公里，流域面积296平方公里。它总体上呈东—西流向，主要流经邹坞、陶庄、张范、南石、夏庄、兴仁、临城和常庄等乡镇，所在流域范围内共分成四段大小不等的区域：从邹坞中陈郝村北的许由泉到兴仁东的曲柏村西山洪沟汇入处，为许由河河段。由许由河向西至黄殿村—官庄村分洪河（也称“古薛河”“鲁桥河”）汇流处，为蟠龙河河段。向下再过绳桥村东向南再转向西到石坝村北，为南明河河段。据明万历年间《滕县志》记载：

> 南明河，俗称“捉白河”。其源出峄山黑风口诸泉，西经梁山，又西经奚公山，受薛河支流，同为南明河。又西至永兴村西南，迳白山入微山湖。①

而南明河这一段水域原本流量较小，后因明朝官府开挖薛河支流与南明河相汇，水势逐年渐涨。由南明河再往西穿越老运河入微山湖，为十字河河段。因明万历三十二年（1604年）官府开挖泇河，南明河与泇河十字相交，故得名“十字河”。由许由河、蟠龙河、南明河、十字河共同组成的薛城大沙河流域，常年径流不息，在历史上也是水患不止。

而在过去，十字河流域水系主要由古薛水系组成，新薛河系后期开挖。古薛水源出于今山亭区东部山区，村民传说古薛水曾是旧薛国故城的一条运粮河道。其河源在山亭区主要有两支水流：一支源于水泉镇柴山前，称“西江”；另一支源于徐庄镇东山顶，称“东江”。两支水流在山亭区海子村汇成一流，向西流至滕州官庄处又分成两支，其中西支为1958年由地方政府开挖的新薛河，后来这条河成为古薛水主流，最终汇入微山湖；东支为古薛河支流，经鲁桥村西与蟠龙河相汇入南明河，再向西南顺流，最终也汇入了微

① 山东省微山县地方志编纂委员会编：《微山县志》，山东人民出版社1997年版，第348页。

山湖。据史料记载[①]，明代官府在开挖南阳新河后，为防止三河口一段运道淤积，曾在薛水上筑东邵坝，以疏导薛水经东邵支河向南汇流。但又恐水为坝害，为保运河通航，于是又在奚公山西至黄殿段开一支河导薛水入南明河。这条支河全长 10 公里，河面宽近 100 余米，深约 5 米，也就是后来当地村民所熟知的官庄（今属滕州市）至黄殿（今属薛城区）分洪道，而位于鲁桥村西的这片水域即属此分洪道的重要一段。据《滕县志》记载，此次河道治理工程由明朝工部尚书朱衡主持。整项治理工程自明嘉靖四十五年（1566年）开始动工，历经两年，于明隆庆元年（1567 年）完工，最终达到了“漷既遏而北，薛又遏而南，今入口者独石桥河”[②]的治理成效。由于这条支河当时是沿奚公山西侧的平原地带开挖，河道地势相对平缓，薛河水势巨大，导致泥沙逐年淤积，且情况愈加严重。1949 年以前，堤防残缺，古薛水支流的河口淤泥积深已高达 5 米，严重影响水流泄洪。每逢夏秋雨季，河口以上往往在多处分流，泛滥成灾，几乎“十年九淹”，给沿河民众的生产生活造成了严重危害。

1949 年后，地方政府针对十字河流域水系展开了多次系统治理工程。在 1957 年，山东省沂沭泗治淮指挥部在《十字河治理施工方案》中首次将薛河水系定名为“十字河流域水系”，并采取泄、滞、分相结合的治理方式，疏浚河道，加固堤防，对相关水系进行了全面治理。在 1957 年冬季至 1958 年春季，由济宁地区治水施工队组织约 6.9 万民工，自滕县官庄以下向西南方向开挖新河，河道总长 20 公里。新河开挖后，官庄以上的薛河主流沿新河道继续向西南流，经羊庄、官桥、柴胡店入微山县，并在薛河头村穿老运河后流入微山湖。这条新河后被命名为“新薛河”。自其开挖建成之后，遇汛期时薛河洪水可以自由分流。原薛城大沙河流域面积则相应减少 1/3，薛河泛滥成灾的情况大大减轻。后来，治水指挥部又将古薛河、新薛河及薛城大沙河共同纳入十字河水系流域。[③] 新薛河挖通后，原古薛河支流水量相对减少，但始终并未断流。据村民回忆：

---

① 参见水利部淮河水利委员会沂沭泗水利管理局主编：《沂沭泗河道志》，中国水利水电出版社 1996 年版，第 111 页。

② 道光《滕县志》卷三《山川志》，清道光二十六年（1846 年）刻本。

③ 参见山东省微山县地方史志编纂委员会编：《微山县志》，山东人民出版社 1997 年版，第 348 页。

> 鲁桥西边的这条河流水量一直不小，过去不止有北边老薛河的一道水源，在这个庄子东北角也有一道从山上黑龙潭流来的泉水，顺着东北—西南方向一直流入村西的这条河里。我记得至少有三道水源地，尤其到夏天下大雨的时候，庄子东边地势高，山上下来的洪水没地方走，就只能从鲁桥这边过。一道在鲁桥庄子北边过，还有两道从鲁桥庄子里面过。一下大雨都是沟满河平。鲁桥本身深沟多，下了大雨，人都可以去沟里面抓鱼，还有泥鳅什么的，可多了。现在还是叫古薛河的多，毕竟是老薛河时候修的。以前河道好像没有那么宽，但是能行船，往南能一直通到微山湖。[①]

综合以上资料可知，鲁桥村西的这条河流原属古薛河支流，曾是古时薛水官庄—黄殿分洪道的其中一段。这段河道最早由官方兴工开挖的时间是在明朝隆庆年间，距今约有450年的历史。如今鲁桥村所处的这片水域则同属十字河流域水系。至于鲁桥村村民所提及的南明河一说，在地方志资料中也得到了部分印证。例如，在《峄县志》中曾有记载："南明河，源出峄县许由泉，又名捉白河，即今鲁封桥河也。"[②]此处直接将鲁封桥河与南明河并称为一河。鲁桥村村民认为，将这条河流称作"大明河"亦有据可循。因为此河在明代由官府开挖而成，为表其挖河功绩而将河名取于朝代之名，在村民看来自然也是顺理成章的。由此可见，位于鲁桥村西的这条古薛河支流，历经数百年时光，经历多次改道、疏浚、分流，正是在这奔流不息的流水冲刷和历史积淀中才形成了今天的模样。实际上，无论是"古薛河""南明河""大明河"之混杂化称谓，抑或是"西河""沙河"等民间叫法，对鲁桥村村民而言，这些都只是乡民自身对于这条赖以生存的母亲河的碎片化记忆而已。村民们在日常生活之中，也并不会纠结于这条河流的具体称谓，他们认为这只是一种代指符号。由于历史年代相隔久远，虽然他们并不能得出准确的河名结论，但这丝毫不影响他们数百年来对这条河流的厚重情感依附。而且，这条古薛河支流阻隔了当地村民东西行路之道，为方便交通，村民则需架桥铺路。至于为何鲁桥村西的鲁封桥能够矗立于古薛河之上，而后又形成了较

---

① 被访谈人：郭传怀，男，75岁，鲁桥村村民。访谈时间：2012年10月27日。访谈地点：鲁桥村。访谈人：张兴宇、孔军。

② 赵亚伟主编：《峄县志》（点注本）卷五《山川考下》，线装书局2007年版，第95页。

大规模的聚居村落，其中蕴含的更深层次的内部原因则有待后文进一步分析。

鲁封桥侧面

二、鲁王封桥

古往今来，鲁桥村村民有着十分深厚的"风水"观念。"风水"一词最早出自晋代郭璞所著《葬经》一书："气乘风则散，界水则止；古人聚之使不散，行之使有止，故谓之风水。"[①]而地处鲁南地区的古薛河，自东北向西南顺流而下，最终注入微山湖，它所流经的区域在鲁南乡民眼中正是一片安家立业的"风水"宝地。数百年来，古薛河两岸聚集了众多乡间村落，这片薛河水也孕育了无数薛地子民。对鲁桥村村民来说，鲁封桥横跨于古薛河支流之上，长期占据着勾连东西交通的地理优势，鲁桥村亦得依山傍水之利。当地村民在此繁衍生息，安居乐业，自然它也属于一块难得的"风水"宝地。一般认

① （晋）郭璞:《葬书·内篇》，（台湾）商务印书馆影印文渊阁四库全书本1983年版，第14页。

为，村名是代表聚落实体的一种语言符号，同时也蕴含着深厚的历史文化和复杂的民俗传承，与居民、民居和居住民俗都有相当大的关系。[①] 鲁桥村的村名符号与鲁封桥有着密不可分的关联，这种语言符号在长期历史发展过程中又逐渐转换成村落的标志性民俗传统。村落民俗传统与地方历史记忆的建构需由乡土社会的传承主体即乡民自身来承担，而民间传说作为村落文化与民俗传承的重要叙事承载工具同样不可或缺。在鲁桥村，至今广泛流传着一则有关“鲁王封桥”的民间传说：

相传在明代，鲁南地区千山头的道士最多，仅中宫这一个庙内就有百余名。千山头各庙宇成名气的道士很多，如丁玄阳、郭玄阳、刘玄阳等。这里讲述的是以刘玄阳为代表的一支。刘玄阳出家“元都观”(也曾在仰止阁修炼)，道号至真，著有经书7部，在道教界影响力很大，被誉为“玄阳”。

刘玄阳自幼聪明好学，仪表端庄，举止文雅大方，为人正直善良。他尊老爱幼、勤劳朴素。不幸的是父亲早逝，全靠母亲蔡氏抚养。刘玄阳在二十多岁时娶妻李氏，生育二女。因母亲年老多病，连年旱涝失收，苛捐杂税忒重，生活逐渐困难。李氏的精神压力很大，为释放胸中闷气，便嘟囔丈夫说：“堂堂男子汉养活不了老婆孩子，没有这个本事还成什么家，还不如早点出家当和尚、道士……”这一年青黄不接，村民投亲告友无门，草根树皮都被吃光了，地方衙役还是催命般要捐款。刘母看着子孙饿得筋挑头，儿子愁得打转转，儿媳还说闲话给她听，心想我这个老嬷嬷没用了，别再拖累儿子受苦了，也不愿看贪官污吏们逼要银粮的凶狠嘴脸了，一怒之下绝了食。刘母去世后，刘玄阳好歹弄了个薄棺材把她埋葬了。刘玄阳对母亲的死又难过又惭愧，心想一个堂堂男子汉连老母亲都养活不了，还有什么脸面活在世上，不如死了好。

这一天又因断了炊烟，妻子哭丧着脸对刘玄阳耍脾气，刘玄阳实在忍受不下去了，一怒之下离开家(现在薛城区陶庄镇后湾村)，跑到千山

① 参见姜波等编著：《山东居住民俗》，济南出版社2006年版，第29页。姜波等还指出，村庄的命名，聚族而居者多以姓氏为村名，历史上出过名人、官宦者多以人名和官职为村名，祈求兴旺发达者多以吉祥嘉言为村名，物产和特殊职业集中者多以特产和专业为村名。总之，不外乎姓氏人名、官宦职位、山水地势、方位数字、名胜古迹、交通设施、地方风物、吉祥嘉言、传闻轶事等因素，或者综合以上因素来命名。

头跳崖自杀。刘玄阳不顾一切爬到悬崖峭壁处，已经少气无力了。在他正要用尽全力往下跳时，一下子昏倒在地。这时，正巧元都观的老道长在山上采药，老远看到从西边爬上来一个汉子，从举动上就知道他不是游山观景的，看他那个颓丧劲断定不是好事。当刘玄阳进入山崖险境时，他就悄悄地隐蔽在山石后面。刘玄阳用力往下跳时被老道长的药杖勾住了腰带，才没有坠入山涧。老道长取下身上的水葫芦，对着刘玄阳的嘴灌了几口山泉水。刘玄阳才慢慢苏醒过来。老道长问清了情由，又经过刘玄阳的再三恳求才收他为徒。刘玄阳出家后，专心跟着老道长诵经修炼，学习、研究医学。时间不长，长进很快，他成了老道长的得力助手。师徒俩也经常到山上采药，采回药后精心炮制，布施给穷苦病人。凡经过他们诊治的病人大都药到病除，起码病状减轻。求医拜神的人越来越多，他们也就越来越忙，索性他们便把这种繁忙当作修真养性。

再说刘玄阳的妻子得知丈夫自杀未遂后当了道士，她也悔悟了，自己也带着两个女儿到紫竹庵当了女道士，为该庵的十世弟子，道号丹文。她与弟子和刘玄阳的弟子共同重修了紫竹庵后面的“斗母宫”，炼修终身，使紫竹庵也大有了名气。紫竹庵内还存有明代大书画家董其昌撰书的碑文（据庙碑记载）。

几十年后，元都观的老道去世了，享年 105 岁，徒子徒孙和众多善主流着眼泪按道规把他隆重地殡葬了。以后观内的主持就落在刘玄阳身上，刘玄阳谨遵老道长的遗嘱办事，观内香火很兴盛。在道教界他著的经书和治病验方广为流传，其声望越来越高。刘玄阳既爱教更爱国，他身遁空门心系国家，给叔兄弟刘思问的三个孙子起名为：兴邦、安邦、定邦。他胸怀大志，为后代起名也想着治国兴邦、光耀中华。

寒来暑往，又是几十年过去了，刘玄阳的五绺长髯变成了银白色，已经是 93 岁的人了。就在这一年的冬季，他感到精神倦怠，食欲大减，徒子徒孙们很担忧。刘玄阳光喝清泉水延命已有月余了，但他神志清醒，面色仍如古铜。一天晚上，天空飘着鹅毛大雪，他将徒子徒孙们叫到面前来，语重心长地交代了一番，确定了主持人之后就说：“我同你们在一块的时间不长了，每个人都免不了一死，你们不要难过，今后严守

道规办事，洁身修炼就是了……"因为平时刘玄阳对徒子徒孙们体贴入微，感情很深，当听到他的遗嘱时，弟子们辛酸的泪水夺目而出，几乎同声哭道："师父、师老，我们离不开您……""人终有一别，不可强求……""俺今后再见不到仙师了！""以后还是能见面的。""怎样能见到仙师呢？""那就聚官（锯棺）相见吧。"刘玄阳语音一落就离开了世间，高登仙界了。殡葬刘玄阳的这一天，凡是知道消息的各观道士、各地善主都前来吊唁。在笙管笛箫、诵经祈祷、哭泣声中，众人簇拥着仙龛（龛：装殓道士的轿型棺材，用木炭香料等物把仙体靠坐在里面密封），葬在奚公山西道士墓地。场面十分隆重、动人。有很多被刘玄阳治好病的村民和徒子徒孙哭得死去活来，一直到太阳落地，寒风凛冽还不愿离去。还有的下决心守墓三载以表达对玄阳的浓厚感情。

后来，刘玄阳的墓前经常有人烧香摆供祭扫。特别是每年的清明节，扫墓的人如同赶会。不知不觉十几年过去了，又逢清明时节，众多的人正拜谒在刘玄阳墓前，突然来了数以千计的大队兵马，把墓地团团围住，从大旗上可知道这是兖州府鲁王的兵将。只听中军喝道："谁要胆敢反抗不听指挥，就立斩不饶！"一下子把大家吓得呆如木鸡。还是刘玄阳的大徒儿先开了口："小道敢问王爷，这是为了什么？"鲁王的一个伺从官怪声怪气地说道："你们被告了，现在是大明盛世，你们却在这里聚众闹事、企图谋反！"有一个长着络腮胡子的小头目说："撤了牛鼻子老道的骨头，看他还闹事不闹事……"鲁王也慢吞吞地说："刘主持在世时就图谋不轨，借传道施药组织群众谋反，死后还兴风作浪……"众道士冒死再三辩护也无济于事，只好忍痛看着官兵逼着民工动手开坟。不多会儿刘玄阳的仙龛就露出来了。原来，龛放在石砌墓坑内，周围用青石砌起来，是一座塔形坟，很好开。鲁王坐在墓旁，官兵命道士们跪在鲁王面前受审。鲁王说："你们如果知道刘老道的罪恶不报，就逮捕入狱，谁要揭发他的罪行就赏银归田。"不管他们怎样威吓利诱众道士，没有一个人说刘玄阳有不对之处的。特别是刘玄阳的徒子徒孙们含着泪说："仙师自从高登仙界，保佑这一方黎民百姓安居乐业，风调雨顺，他何罪之有？"鲁王平时对刘玄阳的声誉也略知一二，不过当地有个秀才开药铺兼看病，刘玄阳生前看病施药，使他的生意下降，他就想方设

法报复刘玄阳。又加上有几个文人帮着出坏点子，一直散布谣言说刘玄阳是疯魔妖道，并呈文到京师告了御状。当朝皇帝下了圣旨，让钦差兖州府鲁王查访办理。鲁王接到圣旨马上前来巡查审理，他亲眼目睹了刘玄阳的弟子们对师父的深厚情谊，为此很受感动，事到如今不得不开龛验证。

龛是怎样打开的呢？让事先找好的木匠用大锯锯开了龛的支柱、木板，一声号令，众人将龛盖掀起。只见刘玄阳静坐龛中，面部如生，银白的五绺长髯飘在胸前，一阵清风过后却不见他的踪影。众道士和群众不停地叩头祈祷，连官兵也惊呆了。鲁王见此景不由自主地脱口而出："刘玄阳真乃神仙也！""谢主隆恩！"众道士异口同声地跪谢皇恩。从此，刘玄阳得了封，这也更验证了刘玄阳临终时说"锯棺相见"的话，千山头出神仙的事就从此传开了。埋葬过刘玄阳的墓地就叫"神仙林"，千山头成了灵山，山上的松柏及庙观里的花草受到保护。为此，鲁王还令当地官衙立了石桩界碑，上面刻有"鲁府封"三个大字。现在碑碣犹存，一在千山头南侧公路北边，一在鲁封桥东头。

再说，这个鲁王与鲁封桥有什么联系呢？

封建王朝的官员并不是都爱财如命，贪赃枉法。他们有图财的，但也有图名的。兖州府的这个鲁王对审理刘玄阳被诬告这一案子是秉公执法、拒收贿赂的，为这一方人民办了件好事，大家异口同声地感谢皇恩和鲁王清正。鲁王觉得自己的辖区内出了神仙，也为自己脸上贴了金。他为了图个好名，只好顺应民意。他分别惩罚了诬告刘玄阳的主谋和为他出坏点子的文人，赠银为刘玄阳修庙塑金身，也为刘玄阳的母亲蔡氏修了祠堂（祠堂在鲁封桥东一里许，现今完好，作了民宅），并宣布对刘玄阳的祭祀不加干涉。

因为千山头的西边是从北向南流的古薛河南支，后来开挖大明河，水势较大。鲁王为了方便去千山头烧香求神的人们和当地人民的生产与生活，拨发了银子并号召当地人捐款修了石桥，命名为"鲁封桥"。因为这一带土地肥沃，在桥的东头住户逐渐增多，形成了大的村庄，遂名

为“鲁封桥村”。后来把“封”字省略了，俗称“鲁桥”。[①]

关于“鲁王封桥”的民间传说，鲁桥村上了年纪的老年村民基本上都能讲述一番大概的故事情节。从传说内核来看，这一则民间传说大致描述了千山头道士刘玄阳与鲁封桥的历史关联。千山头曾是鲁南地区著名的儒、道、佛圣地。显而易见的是，“鲁王封桥”这一民间传说具有浓重的神话色彩，倾向于一种官方的表达话语，在故事文本的叙事结构上更强调鲁封桥的神圣性。鲁王所代表的官方话语把因刘玄阳“成神”之事而修桥当作积功德之举，修桥也体现出对神灵的敬畏之心。而当地村民似乎也乐于将赋予神圣叙事的“鲁王封桥”传说作为村落“名片”来源的一种语言符号。

三、张果老造桥

如前所述，在过去很长一段时间内，鲁桥村村民习惯使用的村庄名称为“芦桥”。对于芦桥村究竟最早从何而来的疑惑，也有村民曾提出过一种“芦姓初立村”的说法。与之相对应的是，鲁桥村除了流传着“鲁王封桥”的民间传说之外，还有另外一个“张果老造桥”的民间传说故事版本：

> 大家都知道，张果老是八仙过海中那个倒骑驴的老头。在俺们鲁桥村这里，过去还有一段关于他的故事呢。话说张果老游完蓬莱阁，便倒骑着毛驴向西走去。这一天，天气特别热。张果老半道走得有些饥渴，看见前边有个村庄就进去了。他见村中有一条大街，人来人往很热闹，可是很多人都是愁眉苦脸的，好像有很大的心事。张果老急着解渴，便走到一个穿着很阔气的卖柿子的人面前说：“老弟，我走路走得很饥渴，给我一个柿子吃吧。”谁知那人斜瞪了张果老一下，见他穿着粗布衣服，就冷冷地讥笑道：“不行，我这柿子只卖不送。”张果老不在意地又说道：“虽然是卖的，但我向你讨一个吃，也值不了几个钱呀！”那人骂道：“不识抬举的老头，你知道这柿子是谁家的么？这是宣示老爷家的，是‘求神拜佛’。你敢讨要，不要命了么？”接着卖柿人又捉弄似地说：“这村西头有一条河，你要真渴了，就上那儿喝去吧，一辈子也喝不了。”

① 参见李旭东主编：《薛城民间故事》，山东友谊出版社2010年版，第46～49页。

张果老并不生气,乐呵呵地说:“好哇!我这就去,多谢你的指点。”说完他就捋着胡须,倒骑着毛驴走了。

话说这张果老没用一会儿工夫就来到了村西头,果真看见有一条河,水清清的。张果老大叫起来:“好水啊好水!只可惜少了一座桥。”他说着就俯下身来在河边上喝了个够。然后他拍着毛驴说:“我喝不了了,这回该你喝了。别客气呀!”那驴也真听话,摇着尾巴站到了河边上,低下头就去喝水。不一会儿,这驴就把河水给喝光了。这一来,周围看热闹的人都惊呆了。很快,一头“神驴”喝光了河水的消息就传开了。

一位老汉见此情景,心中暗想:这位先生肯定不是一般的凡人,说不定能够解救我们。他这样想着便上前打招呼:“小老儿叫陈福。请问高人住在哪里?”张果老忙回礼道:“大伯,我出家在外,哪有一定的住处啊!”老汉又说:“那您一定不是凡人了。我有一件事想求您,不知您是否愿意帮忙?”张果老说:“只要我能做到的,一定尽力。”“我们这个地方本来是个好地方,可是……”陈福老汉一边说一边气得浑身哆嗦起来。

原来,这个村叫宣示村。宣示是这儿的一霸,吃喝嫖赌样样俱全。此人又叫“无二”。说真的,这个地方再没有第二个人比他更狠毒的了。无二家里有自设的家兵、牢房、刑具。哪个穷人不如他的意,就要倒霉受罪,连当地官府都怕他三分。越是这样,这小子越猖狂。他横行乡里,胡作非为,搅得百姓不得安宁、无法生活,日子越来越贫穷。

“再不治治这个恶棍,百姓就活不下去了。”最后老汉又叹着气说。张果老听了以后,不露声色地说:“大伯,您放心吧,我会想办法惩罚他的。”老汉谢道:“果真如此,我们终生不忘您的大恩大德。”张果老告别了陈老汉,随后来到宣示府门前大声叫喊:“卖驴了,卖驴了……”宣示府中有人认出是张果老,急忙报告了无二。这无二也听说了“神驴”的事,又惊又喜地忙叫人把张果老请到了家里。张果老把毛驴拴在树上后,转身问无二:“是你要买我的驴么?”无二见他对自己这么冷淡无礼,虽气却不敢发怒,忙说道:“是,是。”无二嘴里说着,眼却死死地盯在毛驴身上。那头毛驴果然不孬,一身乌黑的毛,四蹄雪白。这会儿无二耐不住了,急问张果老:“先生,这毛驴有什么特别的地方吗?”张果老笑

道:"那还用说,它一天能耕八百亩地,每天还能下一个金蛋呢!"说着他就在驴腚上一拍,便有一个金蛋从驴尾巴下面滚了下来。张果老顺手把金蛋拾了起来揣进了怀里。无二见张果老把金蛋收回去了,只怕自己买得慢了,便忙问:"先生,这头驴多少钱?""一千两银子。"无二觉得价虽贵了点,可他想到毛驴下的金蛋,也就顾不了很多了,就说:"不贵!不贵!我买了。"接着叫手下的人给张果老捧来了银子。张果老接过银子,又拍着驴说:"好朋友,今天咱们分手了,你可要听新主人的话。"说完他头也不回地走了。

好不容易等了一夜,到了第二天一早,无二迫不及待地把毛驴拉到屋里,学着张果老的样子,照着驴腚一拍,毛驴又下了一个金蛋。无二一看,乐死了。这样一连过了七天,无二得了七个金蛋。再说张果老回来后,拿出二百两银子先请了石匠造桥,剩下的八百两银子都分给了穷人。到了第八天,无二又到驴那里去拾金蛋。可这一次不和以前一样了,无二一拍驴腚,就听"轰隆"一声响,一看毛驴没有了,怎么找也找不着了。再一看原来那七个金蛋,也不知什么时候都变成了黄土蛋。他又到河里一看,河水还像过去一样清清地向南流去,一座新的石桥架在了薛河两岸之间。

后来听人说,有人又见过张果老,可是他倒骑着毛驴走过石桥之后便不见了踪迹。当地的人们十分感谢张果老,想起了他的驴儿,就把他帮村民修建的那座石桥称为"驴桥",然后又把驴桥附近的这个庄子称为"驴桥庄"。再后来,人们觉得这个"驴"字不好听,就把"驴"改为"芦"字了。这就是"芦桥"村名的由来。①

鲁桥村流传的这一则民间传说趣味横生,将鲁桥村村名的由来与道教"八仙"之一的张果老联系了起来。

上述两则民间传说分别从不同的视角描述了鲁封桥与鲁桥村的名称来源。与"鲁王封桥"的民间传说相比,"张果老造桥"传说是从民间话语的角度出发,语言更加诙谐幽默,民间传说的在地化特征则更加明显。对鲁桥村村民而言,"驴桥庄"一名听起来的确难登大雅之堂,所以村民更倾向于将其

① 参见王善民主编:《薛城民间故事集》,枣庄市出版办公室,1988年,第91~94页。

转化为“芦苇”的“芦”。在这则传说的具体故事情节内容中多次提到了村落中的大集、河流、柿子树等实景，意在借助张果老这一众人熟知的民间传说人物，表面上烘托其惩治恶霸的善举，实则反映出“张果老造桥”传说的活态化和灵验性。村民善于把这一传说放置于鲁桥村村落日常生活的现实民俗语境之中，体现出民众对于民间传说叙事的生动化创造能力，也显示出乡土社会中民间故事的娱乐性功能。

薛河梨乡牌坊

从一定意义上讲，“鲁王封桥”与“张果老造桥”两则传说之间的故事内容迥异，恰恰反映出鲁桥村村民在其建构村落集体记忆过程中的差异性特征。这种看似完全虚构的地方化传说故事情节，实际上也是鲁桥村村民日常生活方式的一种缩影。尽管在外人眼中，与鲁封桥、鲁桥村相关的部分传说内容有些荒诞不经，但对鲁桥村村民而言，这两则传说故事也许就是他们眼中所看到的村落发展进程中的“真实”历史镜像。换言之，“鲁王封桥”传说和“张果老造桥”传说正是由鲁桥村村民在点滴日常生活之中所积累生发的灵感创造而成的。透过这些地方风物传说的叙事文本内核不难发现，相对于“鲁王封桥”传说这一更具“官方话语”的民间故事叙事方式，“张果老造桥”传说则更多地保留了地域性色彩浓厚的乡间个性。民间故事融入村落

日常生活，民众生活则积淀着厚重的村落历史文化。这既体现出民间传说的内在文化张力，也展示出鲁桥村村落生活的独特韵味。

四、鲁桥还是芦桥？

其实，对大部分鲁桥村村民来说，“鲁桥”和“芦桥”的村名称谓也关乎着他们日常交际中的“面子”问题。前已述及，鲁桥人性格相对粗犷，在各种交际场合中尤其重视“面子”。“鲁王封桥”传说和“张果老造桥”传说等民间故事的叙事文本则呈现出村民日常生活空间与村落标志性文化景观的相互交织现象。进一步而言，民间传说是民众生活态度的一种隐性表达，通过民间传说的故事情节和内容结构等，可以透视出鲁桥村乡村生活的过往境况。通常情况下，鲁桥村村民更乐于将“鲁王封桥”传说作为当下村名的官方解释名片。例如，在 2008 年，中央电视台《走遍中国》摄制组曾前往鲁桥村鲁封桥取景拍摄《寻找传说中的车神》专题纪录片，这一事件随后被鲁桥村村民大加赞赏和宣扬，“鲁王封桥”也成为该村村民引以为豪的标志性村落文化名片。与此同时，在村落日常生活之中，鲁桥村村民很少会主动提及“张果老造桥”这一民间传说，但是对周边其他村落中的村民而言，他们却乐于把这一则充满着揶揄趣味的民间传说作为日常玩笑的谈资。据鲁桥村村民郭鹏喜老人讲述，鲁桥村“张果老造桥”的传说故事最早是由邻村安上村的一位冯氏村民编造而来的。在鲁桥村至今还流传着一则关于“芦桥”村名的民间笑话：

> 古时候，有一位教书先生点名让学生说出自己的家乡所在地。教书先生点到了一位来自鲁桥村的学生，但是这位学生却不说话，只是在纸上写下了“芦桥”二字。先生生疑，问他为何不答，学生依然默不作声。教书先生看了看纸上的字，并自言自语道：“驴（当地方言念‘lu’，二声）瞧，驴瞧。”刚刚念罢，全屋子的学生立刻放声大笑。教书先生这才明白过来，自己被学生戏弄，好不尴尬。①

实际上，无论是因鲁封桥引发的村落笑话还是民间传说故事，由于鲁南

① 被访谈人：张运令，男，58 岁，鲁桥村村民。访谈时间：2012 年 1 月 22 日。访谈地点：鲁桥村。访谈人：张兴宇。

地区乡村方言的特殊性，长期以来，鲁桥村村民始终延续着“芦桥”这一通俗称谓。早在20世纪80年代，鲁桥村被划归夏庄乡管辖。在传统乡级行政建制中，该村通用村名为“芦桥”。到了2001年，薛城区对地方乡镇进行合并，撤销夏庄乡，将原夏庄乡所辖村庄一并归入陶庄镇，鲁桥村村名又被改为“鲁桥”。那么为何这种行政化的官方称谓都没能改变村民对于鲁桥村的传统叫法呢？又是否是鲁桥村村民借助民间传说的力量自我“杜撰”了村名的真实称谓？当然，村民对此问题有着非常简明扼要的解释，即鲁桥被称呼为“芦桥”，主要原因是方言“叫白了”（如邻近有一村，村名为“奚村”，本应念作“xī cūn”，却被村民念作“yī cūn”）。虽然如此，村民对外却习惯于将村名称为“鲁桥村”“鲁封桥村”。关于这一点，鲁桥村村委会每年春节期间印制的写有“祝鲁封桥村村民春节愉快”字样的挂历即是明证。“芦桥”和“鲁桥”作为鲁桥村显性的村落符号，由此建构出一个显性的民众日常生活空间。这种村落符号在村落生活中得以渗透，鲁桥村村民倾向于选择有利于自身名誉的“鲁王封桥”这一村落符号，相对排斥被“污名”化的“驴桥庄”村落名片。长此以往，聚族而居的鲁桥村村民更乐于接受和遵循“鲁王封桥”的村落标志性文化。如此看来，由鲁封桥引生的两则民间传说的真实性与否并不重要，而鲁桥村村民对此类传说的认知态度及其所作出的相关利害判断，则成为当地村民建构村落民俗传统的重要参照。

桥边洗衣

退一步讲，追溯“鲁王封桥”传说与“张果老造桥”传说的叙事文本起源不是完全不可能的，但意义却并不在此。对鲁桥村而言，长期生活在村落中的普通村民如何对这两则民间传说进行“本土化”解读，以及由此对村民生活观念造成的隐性影响则更值得关注。无论是以“鲁王封桥”为历史荣耀的鲁桥村村名，还是以“张果老造桥”为情境依托的芦桥村村名，这两种村名称谓只是村民对村落中的标志性文化及象征符号的不同解读方式而已。总体而言，对于长期共居于同一村落的鲁桥村村民来说，在他们的日常生活及价值评判体系中，“鲁王封桥”和“张果老造桥”的民间传说，带给他们的则是颇具“一荣共荣，一辱俱辱”意味的现实境况。例如，鲁封桥所处的位置具有天然的地理优越性。在鲁桥村村民眼中，正是鲁封桥“独一无二”的特性曾经带给过他们无上的荣耀感。鲁封桥横跨古薛河，勾连着东西交通大道。方圆数里之内，河西、河东之过往村民，无论东来西往，皆需穿行鲁封桥。历年来，鲁封桥所在区域的乡村道路虽然多有变动，但鲁封桥曾长期占据着有利位置。据村民回忆：

> 我记得小时候，这条路是条沙土路，俺庄的这个桥是滕县、济宁去枣庄、临沂的一条主干道，大家都得走这个老桥，当时是车水马龙。再往北，人就走南辛村那边的桥了。南边附近也没有桥，这条河上就这一座老桥。当时马车作为交通工具很流行，以前是那种二把手的独轮车，再往后发展就是吉普车、拖拉机。这个桥往东从哪下呢？从桥头前边的一条斜路，走河西。从哪能上来？走华子现在盖的那片宅子附近，走俺郭家那个老坟，以前是梨树行子，再接东边的这条路，这个路面都是沙土路面。1949 年以前吧，先走那个张家屋后头，后来又走李家门口那条路，之后又改到前头，再后来又改到张家南边，变了好几次呢。但往东都躲不开东边那个千山头山口，因为那个山头挡着啊。①

再者，位于鲁桥村西的这条古薛河，因为盛产泥沙，被当地村民俗称为“沙河”。这片水域北接古薛水，南连蟠龙河，因最早在明朝时开挖，所以过去村民也曾叫它“大明河”。古薛河两岸到处种植着柳树、槐树、皂角树、榆树、楸树等乡土树种。每到夏季，树荫遮天，沿河凉风习习，是村民纳凉避暑

① 被访谈人：郭传怀，男，75 岁，鲁桥村村民。访谈时间：2012 年 10 月 27 日。访谈地点：鲁桥村。访谈人：张兴宇、孔军。

回忆过去

的好去处。鲁桥村水域范围内泥沙深处有数米，浅处也有七八十厘米，沙质优良。鲁桥村西河中出产的泥沙质量上佳，村民曾将挖沙、售沙作为村落的集体产业。由于村民在河西、河东岸经常性地运送沙料，漏下的沙子不断地把原来的泥地覆盖，所以在鲁桥村形成了“下雨走路不踩泥”的特殊现象。村民自豪于20世纪70年代时鲁桥村全村挖沙、售沙的豪迈壮举，因为正是这条河流出产的沙子，在当年建起了整个陶庄镇镇区，多数村民对这段历史记忆深刻：

> 大概在70年代，当时就是用排车拉。俺们在庄子西边的东河崖装沙运沙，一车车地往陶庄运。俺这里薛河的沙质比其他地方的沙都要好。建陶庄得用沙啊，它那里没有沙子，全部都是从俺们这里往那边运，拉一车到那里卖不少钱呢！当时咱这个沙还运到西边的井亭火车站，直接奔货场，装上火车皮运到上海。①

村中沟壑

鲁桥村西古薛河河道中间由于长期挖沙，形成了深达五六米的大沟，河两岸的面积也随之不断外扩。据村民回忆，当时古薛河水量、沙量都非常大。每逢夏季雨水多的年份，水势上涨后河道可以通行木船，鲁桥村村民还曾划船专门到村北的刘村购买酥梨。若遇到暴雨，鲁桥村东千

① 被访谈人：郭传怀，男，75岁，鲁桥村村民。访谈时间：2012年10月27日。访谈地点：鲁桥村。访谈人：张兴宇、孔军。

山头山上的洪水顺流而下汇入古薛河，附近村庄常常会被河水倒灌淹没。在20世纪60～80年代，当地政府在滕州市刘村、大官庄、沙庄等地纷纷建立了拦河水坝，层层堵水，取水浇地，导致这条古薛河支流的水量进一步减小。遇到枯水期，古薛河水面则变得很浅，约为半米深。过去鲁桥村村内遍地是沟壑。20世纪70年代以前，仅在鲁桥村村北位置就有3条深达2米左右的大沟，3条大沟自北向南在村中交汇，然后转道向西流入古薛河。村民如果出村去北面的沙庄或者东面的安上村办事，都需从深沟行路。村民张文哲说：

> 千年的古路熬成河，鲁桥的东西大路一直往东到千山头那里，走的时间长了，都成沟了。这边成了沟，再走另一边，那边也就成沟了。姓王的那一片，后边走成沟了，再走前边，前边也走成沟了。原来都不是沟，但是车多人也多，走的时候车辙印一压，然后下雨一冲，时间久了都成沟了。[①]

薛河风景

当然，民间传说、故事的传播文本也直接影响着村落群体的价值观念认同。就普通村落中长期共同生活的村民而言，他们的日常生活空间范围相

① 被访谈人：张文哲，男，70岁，鲁桥村村民。访谈时间：2012年1月19日。访谈地点：鲁桥村。访谈人：张兴宇。

对有限。对于外部社会赋予村落的“污名化”符号，村民不仅不会默许，相反还会在村落内部衍生出一种趋于合理、局部认可的话语解释和实际行动。透过鲁桥村相关民间传说与符号象征的传播不难发现，村落依托村民日常共同生活的聚落群体而存在，他们是拥有“村落自尊”的。鲁桥村村民不乐于提及“张果老造桥”传说，既是维护村落自尊的表现之一，也是村落归属感、荣誉感的现实价值导向所致。因为在普通村民身上，他们都于无形间承载着“鲁桥人”的村落标志性文化符号。而同处于这个鲁封桥圈层内的村民，则可以被视为“我们”或“我们的人”。

第四章 一座石桥贯东西

在鲁封桥东岸，鲁桥村村民曾沿着这条贯通东西的村落大街自发建起了“鲁桥大集”。他们把每月的赶集日期定于农历的二、五、七、十日，这促进了村落传统工商业的发展。据村民们推算，鲁桥村的“鲁桥大集”至少已经传承有百余年历史。而在每年农历四月初五，则是一年一度的鲁桥村物资交流大会。从四面八方赶来的乡民，在“鲁桥会”上摆摊售卖各类日用物品，杂耍表演、民间曲艺、地方小吃等应有尽有，现场热闹非凡。

鲁桥村因鲁封桥而得名，伴随着不断兴盛的村落商贸传统，村中也逐渐形成了一些颇具地方特色的文化景观。例如，在鲁桥村至今广泛流传着“鲁桥有三宝，喝茶凉快带洗澡”“想吃桃，到鲁桥”“宁走三关口，不从鲁桥走”等民间俗语，这反映出鲁桥村在过去曾是当地村落的商贸和休闲中心之一。位于鲁桥村东不远的千山头农历九月十二庙会，则勾连着鲁桥村村民的信仰生活。当地流传着“庙会下雨能刷山”的说法，“赶九月十二会”也成为鲁桥村村民的一种生活习惯。

一、鲁桥三宝、鲁桥鲜桃、鲁桥集会

作为一个以农耕、林果为主业的平原村落，鲁桥村与华北地区众多普通的平原村落一样，综观其家族传承与村落发展状况，并没有什么特别耀眼的事件值得向外人展示和“炫耀”。乍看之下，在该村很难找寻出一位曾经能够运筹帷幄、掌控村落历史变动进程的“文化精英”。鲁封桥亦如此，似乎是一如既往的平淡无奇。在村民朴素的视野中，有一方石桥可以行路，有一处集市可以交易，有一片果行可以谋生，这些日积月累的“村落资本”就足以维系其正常的生活节奏并保持世代繁衍。

薛河柳树

1.“鲁桥有三宝，喝茶凉快带洗澡”

历史上的鲁桥村曾是鲁南西部地区通往峄县的古官道之一，鲁封桥是沟通东西方交通的要道。明末清初，在鲁桥村还没有形成大的村落聚居形态时，当地仅有一座石桥而已，但鲁封桥所处的东西大道则是坡西（丰、沛、萧、砀地区）到千山头人们烧香拜佛的必经之路。后来因行人较多，在此处经商的村民也逐渐增多。1949 年以前，鲁桥村村中到处都是深沟。据村民说，这些大沟是因为过去行路的大马车数量太多，久而久之倾轧而成。村民们回忆，在“文化大革命”期间，他们四处运土，足足垫了四五米高才把这些深沟填平。平整土地的时候非常费力，村民为了填平沟壑，先从地势较高的地方取土，然后再运到低洼处。因此，当时鲁桥村的整体土地高度被削减了不少。现在鲁桥村村民日常通行的路段其实是当年大沟的沟底，由此可见沟底之深，行车之多。按照当地人的说法，即“千年古路熬成沟”。尤其是鲁

车辙印痕

封桥所处的这条贯通东西的交通大道，过往商人从坡西（江苏沛县一带）前往窑上（峄县，今枣庄一带）经营生意，必须路过此地。当地土质松软，属于典型的黄壤土土质。载满货物的大马车一过，道路两旁到处尘土飞扬。且在鲁封桥的大青石桥面上，至今还留有数十道深深的车辙印。据《山东交通志》记载，鲁桥村所在的薛城区境内在元代时曾有四条古道，西通咸阳，东联沂州、兰陵，贯穿南、北二京。明洪武二年（1369年），滕县官府设立了临城驿馆，一直到清末才予以裁撤。民国初年，薛城境内的古车大马路相继被改建成了沙土公路，但是由于军阀混战、外敌入侵等，境内公路遭到严重破坏。这里在古代属于兵家必争之地，民间传说这一带区域古时曾是东海至长安的一条交通要道。鲁桥村的这条东西大道长期发挥着重要的交通纽带作用，同时也刺激了村落商贸业的发展。据村民说：

过去陕西的老百姓到千山头烧香磕头，都得走这里的桥，避不过去的，因为方圆几里地就这一条路是最顺当的。这是一条古官道，你不走不行。以前那时候车来车往的，热闹极了。再就是桥头上一开始有做点小买卖的，那时候的老百姓也想着挣点钱过日子。主要还是这里占着交通上的优势，旁边的村子没法和俺这个庄子争，也争不过。①

到了民国期间，鲁桥村以工商业兴村的村落实体经济发展模式已经初具雏形。由于鲁封桥一带过往的经商车辆很多，路过客商常会选择在桥头暂时停歇。后来，在鲁封桥东逐渐积聚了不少经营小本生意的商户。鲁桥村流传着“鲁桥村有三宝，喝茶凉快带洗澡”的民间俗语。

① 被访谈人：张运令，男，58岁，鲁桥村村民。访谈时间：2012年1月22日。访谈地点：鲁桥村。访谈人：朱明。

根据鲁桥村村民郭鹏喜老人的回忆，大概在1920年前后，以鲁封桥东岸为中心已经形成了一定规模的商户群体。鲁桥村在当时拥有三大粉行与四大车店。三大粉行包括郭家、赵家和张家，主要经营粉条制作生意。四大车店主要包括李家店、郭家店、张家东店与张家西店，用于供应过往的行人停车住宿。具体说来，在鲁封桥桥头东岸，当时曾设有两处售卖茶水的茶棚。其中一处由鲁桥村张氏村民开设，另一处则由村中的周氏村民开设。紧挨着茶棚不远，还有一家铁匠铺。再往东去，沿街位置设有停车住宿的旅店和供人用餐的羊汤馆。旅店中同时设有牌局，供过往客商娱乐。每年夏天，鲁封桥东岸人头攒动，鲁桥村村中百姓及周边村落民众多会到古薛河边的大树下乘凉。在当地，古薛河亦称“沙河”。千山头黑龙潭的泉水过去也是在鲁封桥河口处会合，因此河水特别清澈。黑龙潭，是鲁桥村当地非常有名的一处泉眼。《滕县志》中曾有记载：“黑龙潭在千山头，一名海眼。”[①]直到现在，一部分鲁桥村村民还有到黑龙潭取泉水饮用的习惯。一旦夏天下过大雨之后，大水就会漫过鲁封桥，村民们躺在桥面的大块青石板上洗澡乘凉十分舒服惬意。若是觉得还不够过瘾，村民们会直接站在鲁封桥上扎个猛子跳进河里，彻底地洗个痛快。所以对村民而言，鲁封桥也是一处夏季纳凉休息的绝佳场所。

桥边相遇

① 道光《滕县志》卷五《古迹志》，清道光二十六年(1846年)刻本。

2."想吃桃,到鲁桥"

1949年至"文化大革命"期间,鲁桥村村民开始陆续种植果树谋生。当时村中的土地很少用来种植小麦、玉米等粮食作物。在20世纪30年代左右,鲁桥村大概有50～70户人家,居住村民约300～400人,土地约300余亩,但已经是一个种植着成千上万棵桃树的水果专业村。村民种植的水果种类有很多,包括桃子、苹果、梨和柿子等,其中以鲁桥鲜桃在当地最为出名。鲁桥鲜桃过去曾是山东省"四大名桃"之一临城蜜桃的主要产出地,最早发源于鲁桥村一带。鲁桥桃个大皮薄,果肉乳白,蜜甜多汁,味道鲜美,以鲁桥村北郭家林种植的鲜桃为最佳。每年桃子成熟之后,大批外地客商云集村中,收购桃子。始建于1908年的津浦铁路贯穿薛城南北,其北端从井亭站入境,南段至沙沟站出境,也有村民自发去村西不远的井亭火车站乘坐火车到南京、北京、济宁、沛县等地去卖桃。鲁桥村不仅有桃行,还有苹果行、梨行和柿子行等各种果行。在那个时期,鲁桥村村民的经济收入与周边村落相比并不低,村庄因此还享有"想吃桃,到鲁桥"之美誉。据村民讲:

> 鲁桥的桃,数郭家林那一片最好,南石沟都认鲁桥的桃好。咱们这边的桃甜啊,是"文革"之后种的。那时候鲁桥种的果子多了,你们家住的那些地方都是行子(树林)啊。一棵树能产1000多斤果子,那时候每家都有好几亩行子。很多庄子卖桃的都说是鲁桥的。那时候薛城有来收的,还有很多桃都销到南方了。鲜果店都来收,每年忙活好几个月,能卖出一辆大汽车钱。老林的那块地方的桃子最好吃了。①

在"文化大革命"期间,当地政府带领鲁桥村村民搞平整土地大会战,开始平整村中土地。加上受到"农业学大寨"的影响,原来村中的深沟被一一填平,过去的果行也被砍

桥岸取水

① 被访谈人:郭传怀,男,75岁,鲁桥村村民。访谈时间:2012年10月27日。访谈地点:鲁桥村。访谈人:张兴宇、孔军。

掉，并统一修整变成了农田。大概在1972年左右，鲁桥村原本大量种植的果树品种逐渐被砍伐殆尽，林果业在该村开始走向衰落。鲁桥鲜桃也成为当地村民心中一段难忘的历史记忆。鲁桥村村民种植的鲜桃在失传多年以后，曾于1989年被地方政府重新挖掘推广。村民们在村庄的东北部重新种植了大片桃树林，但无奈后期的桃子产量和口感都大不如以前。于是这一批桃树又被村民砍掉，开始广泛种植小麦、玉米等粮食作物。今日，鲁桥村仅在村南位置还保存着由张氏家族经营的一家小型果园。

3.鲁桥大集

过去在鲁封桥东约200米处即是村中著名的鲁桥大集，也被村民称作"庄户集"，至少已有百余年历史。这处乡村集市十天之内共有四次交易，农历日逢二、七、五、十为鲁桥集，每次交易时间为半日。鲁桥村地处东西交通要道，设立集市可以方便村民购买青菜、水果等日常生活必需品，也能聚集人气，提高村庄的影响力。据村民回忆，鲁桥大集当年是经邻村沙庄刘姓族人之手发起的。鲁桥村和沙庄两村相邻不远，在民国时同属滕县奚仲乡管辖。鲁桥村一些村民聚在一起商议起集事宜，当时主要是由该村张氏、郭氏、赵氏、关氏等几大家族的族长负责倡议，也就是村民所谓的"人头"。最初起集时，前去赶集的外村村民相对稀少，村民便想方设法地去"衬集"。后来每逢五、十是大集，集市上会有牛、羊等牲口交易；每逢二、七等其他小集，商贩只卖青菜、粮食等家常物品。集市的覆盖范围为周边两三公里，东边到千山村、安上村，南边到河北庄、奚村和吴村，西边到前湾、后湾和孔庄，北边到沙庄、石楼一带，赶集人员都是附近的村民。因为是古集市，集市的位置也几经变化，一开始在鲁桥村村后位置，后来又挪到村中的南北街。1949年以前，由于连年战争，加上苛捐杂税等重负，民众生活疾苦，鲁桥村一带的集市贸易相对萧条。过去鲁桥大集上交易的主要物品为青菜、水果和粮食，夹杂有少量摊户售卖鱼虾肉类，还设有铁匠炉、理发摊和补锅铺一处。当时村民之间的商贸交易，主要以肩挑人扛为主。村民在集市交易日可以购置日常生活所需，频度和规模在当地都不算小，而鲁桥大集也成为周边村落的民众进行物资交流的重要场所之一。如村民所说：

起集，就是庄上的名人，也就是人头、家族长之类的，他们提议起个集，说咱老百姓卖个菜什么的也方便。大家一商量，然后贴出告示："某

庄,几几逢集。”自己村的人,你即使不买,到了日子也得到集上去逛一逛。即使你不卖这个菜,你也得端到集上去放着。有牲口、牛羊之类的,你得牵到集上放在那里。人呢,没事也跑到集上站站,显得这个集人越来越多、越来越大,集就这样慢慢起来了。你卖也行,不卖也行,你得去衬托一下,这叫“衬集”。①

在鲁桥村周围还散布着后湾集、柴胡店集和西仓桥集等乡村集市,集期与鲁桥大集交叉进行。其中柴胡店大集距离鲁桥村约 4 公里;西仓桥集为牲口集市,距离鲁桥村约 5 公里。再远一些的如临城大集,距离鲁桥村约 9 公里,官桥大集距离鲁桥村约 7.5 公里。过去鲁桥村村民在集市附近还开设了张家店、李家店和郭家店等小型旅店。店内设有大通铺,供过往行人暂时停留休息。旅店的大门门楼建设得宽敞气派,便于马车出入。

集市一角

鲁桥村集市的交易地点大致位于村中央位置,过去村民主要在鲁封桥东约 200 米的东西道路和南北道路两旁摆摊售卖各种时令农产品。根据《山

① 被访谈人:郭传怀,男,75 岁,鲁桥村村民。访谈时间:2012 年 10 月 27 日。访谈地点:鲁桥村。访谈人:张兴宇、孔军。

东集市调查与研究辑稿》一书中描述的20世纪30年代的鲁桥村集市状况，鲁桥大集至少已有百余年的发展历史。最初该集市只是一个典型的“庄户集”。[1] 当时鲁封桥是连接东西交通(东去枣庄、西去沛县)的唯一要道，集市最早是由附近贩卖青菜的村民兴起的，辐射区域为7～10公里，覆盖着15～20个村庄。而在“文化大革命”期间，整个薛城区的集市贸易都受到很大限制，部分公社甚至取消了集市，有的地方则减少集日，鲁桥村集市上市交易物资量也大大减少。自1978年改革开放以后，当地的集市贸易逐渐恢复，鲁桥村集市也随之发展起来。根据1987年集市统计资料，鲁桥大集日上市人数为800人，成交数额为1500元。另据《薛城区志》资料统计，1990年，鲁桥村集市日上市人数为1000人，成交额为2200元。由此可见，鲁桥集市规模虽然并不算太大，但对当时总体经济发展水平有限的地方村落来说，这一处“庄户集”的存在基本能够满足村民日常生活所需。如村民张运令说：

俺们这里当地人都知道一句俗语：“鲁桥有三宝，喝茶凉快带洗澡。”可以说，以前鲁桥村是这附近有名的休闲圣地啊！每年农历四月初五是鲁桥会，其实是一个物资交流会。从村中一直到村西的鲁封桥，至少得有500米吧，南街、北街到处都是人。唱大鼓书的、演柳琴戏的、玩杂耍的，各式各样的乡间艺术，热闹无比。这边农历九月十二的千山头庙会是大会，鲁桥四月初五会属于“二会”。这个会不仅起会时间比千山头庙会要晚些，而且规模也比它要小一些。千山头的那个是庙会，俺们这里的这个四月初五鲁桥会属于物资交流会。[2]

4. 四月初五鲁桥会

每年农历的四月初五，则是鲁桥村一年一度的鲁桥会。据村民张文金讲述，鲁桥会又叫“四月初五会”，属于乡村物资交流会的一种。鲁桥会的规模比平常集市的规模要大很多，周边及坡西等地的村民都会前来赶会。物资交流会上既售卖各种样式的农产品，也有说书、唱大鼓的艺人前来助兴。薛城曾是山东快书和柳琴戏的发源地之一，鲁桥村当地的村民尤其喜爱听柳琴戏和山东快书。人数最多时，四月初五鲁桥会的赶会人数高达1万余

---

① 参见谢元鲤：《山东集市调查与研究辑稿》，世界华人出版社2000年版，第426页。

② 被访谈人：张文金，男，70岁，鲁桥村村民。访谈时间：2013年4月7日。访谈地点：鲁桥村。访谈人：张兴宇。

人。从村西鲁封桥往东，一直延续到千山头一带，小商小贩临街设置摊位，人山人海，热闹无比。1949 年以后，鲁桥村曾长期归属滕县六区管辖。夏庄乡于 1984 年正式成立，地方政府将 1961 年设立的西仓人民公社撤销，因乡政府驻地距离夏庄村较近，所以命名为"夏庄乡"，鲁桥村也归夏庄乡管理。1993 年，夏庄乡政府运作成立了枣庄市薛城区千山水泥厂，主营普通硅酸盐水泥，并建设了一条年产 10 万吨水泥的生产线。建厂之后，乡政府为了活跃驻地人气，就在乡政府东边建立了新的农贸市场。时任主管领导将鲁桥村集市搬迁至村东约 1000 米的千山头脚下，新建了一处千山头农贸市场，四月初五鲁桥会也随之迁移至此处。据村民说：

> 比如以前卖豆腐，老百姓可以在本村设案售卖，但后来只能带着豆腐筐子到千山头的集市上售卖。那时候挪集非常不容易，名义上集市挪走了，但赶集的人并不走。大概过了两三个月，这集才算真正迁了过去。我记得，有一年是村书记垫沟设立的集市。但是后来集市两边被固定的摊主占了之后，集市规模越来越大（交易场地狭小，赶集的人多），不方便村民进行交易。那时候最初村中卖猪肉的只有一家，后来发展到了六七家。还有卖豆腐的，鲁桥村的卤水豆腐在俺们当地很有名气，纯手工制作，现在还有几户卖豆腐的。①

至此，鲁桥集会以往在鲁桥村村中进行商贸交易活动的传统成为历史。虽然集市交易地点发生了变迁，但当地村民依旧习惯于称呼新建的农贸市场为"鲁桥大集"，每年农历四月初五的物资交流会仍旧被称为"四月初五鲁桥会"。如今看来，鲁桥村的空间地理区位可以形容为"依山不近山，邻水不靠水"，即虽然该村紧依千山头，西邻古薛河，却已不再享受传统意义上的"靠山吃山，靠河吃河"之裨益。这主要与后来鲁封桥所处区域逐渐"失落"的交通位置有关。但是村民的乡土记忆逻辑则紧密围绕着"鲁封桥""鲁桥集会""鲁桥林果业"等村落标志性文化元素而不断建构、充实，由此形成的村落民俗传统也随之得以传承和延续。

---

① 被访谈人：张运令，男，58 岁，鲁桥村村民。访谈时间：2012 年 1 月 22 日。访谈地点：鲁桥村。访谈人：张兴宇。

二、宁走三关口，不从鲁桥走

鲁封桥与古薛河分属于两个不同区境，在村落日常生活之中引发各种矛盾和冲突自然也是不可避免的。鲁封桥是过往客商的必经之地，因为方圆数里之内，没有供村民过河的其他桥梁。例如，鲁桥村东院山的磨石质量精良，经久耐用，畅销苏、豫、皖等地。商家在往西运送磨石时，则需经过鲁封桥。村民郭传怀说：

> 这个路忒早了，不然哪能有那么大的沟啊，都是过往的人走路走出来的。那时候都是很厚很厚的土路，大车辙压过路之后的尘土很大。等老天一下雨，这些黄土就被雨水冲走，慢慢就成大沟了。俺们村这条东西大路上大车多，拉磨的磨石车、拉货的大货车，一过就是几十辆。那时候很多地方都用院三（地名）的磨石，车辆都从俺们这里走。只要不下雨，这条路上就都是土。磨都是滚出来的，有点像碾子。当时压路压得太厉害了。①

在鲁桥村，还流传着"宁走三关口，不从鲁桥走"的民间俗语。以前过往的商队马车从鲁封桥上通行要被收取一定数额的"过路费"，鲁桥村中还曾专门安设负责收取"过路费"的人员岗位。因为这些客商东去峄县或西去滕县经商，从此桥经过最为省时省力，而绕道走鲁桥村西的三关口则相对费时费力。鲁桥村村中的部分闲散人员专门从中渔利，过往客商大多是敢怒而不敢言。为了避免不法人员讹诈造成额外损失，有些商户宁愿绕行路远的三关口，而不选择从鲁封桥经过。

过去鲁桥村村民受教育水平普遍较低，只有一小部分家庭条件不错的村民才能有机会去念私塾接受教育，所以村民们的素质自然也是参差不齐。而且，鲁桥村过去曾流传有村落习武之传统。其中王氏家族有一王姓村民曾苦心习得"燕青自扑"之拳术，功夫甚为了得。当时他收了不少徒弟，但后来因为其中一位徒弟惹是生非，引出祸端，便不再传拳授艺。到了 20 世纪 90 年代中后期，鲁桥村还曾成立了一所规模达上百人的鲁桥武校。该武校

① 被访谈人：郭传怀，男，75 岁，鲁桥村村民。访谈时间：2012 年 10 月 27 日。访谈地点：鲁桥村。访谈人：张兴宇、孔军。

由本村张氏家族的一位年轻村民担任武术教练，平时主要传授少林拳法。鲁桥村村民认为，习武可以强身健体，本身是一件好事。但有些村民在学得武术之后，容易招惹是非，因此过去在村中还形成了一些不良的社会风气。乃至今日，鲁桥村村中仍有少量闲散村民以充当“保护人员”和“赌博”为业。村落中的各种矛盾冲突最后总会借助某种社会机制来予以化解，而缓解鲁桥村这种不良社会风气和矛盾的机缘却来自于地方政府。

1945年左右，国民党部队曾在鲁桥村一带驻军。国民党的士兵为改善生活条件，曾用手雷在鲁封桥桥底炸鱼。现在鲁封桥西侧残存的几块断裂的青石板正是这些士兵所为。而破败之后的鲁封桥，给村民们日常出行带来了不少难题。桥面坑坑洼洼，而且夏季经常被古薛河水漫过，导致村民无法通行。渐渐地，从此桥行走的路人减少了很多。村民回忆道：

> 这个桥当年是怎么毁的呢？我以前听说是国民党的兵给炸毁了一部分。1945年来了一帮国民党的驻军，当时他们炸鱼，因为桥洞子底下有鱼。他们把手雷往桥下一扔，“嘭”，桥板被炸得很高。有的石板落下来，就断成两节了。当时桥北边有石栏杆，发大水时被冲下去了。南边没有石栏，但是有一截墙，是我当时养鱼垒的。河水很猛，这座桥就是被连年的大水冲坏的。[①]

在20世纪70～80年代，当地政府在鲁桥村北新修了一条滕县至枣庄的沙土公路，后来又改建铺设了柏油公路，并在鲁封桥北重新修建了一座钢筋混凝土结构的大桥（当地人称“北大桥”）。从此以后，过往客商与行人很少再穿行鲁桥村而过，鲁封桥附近的商业贸易亦逐渐沉寂下来。正是随着交通区位的地理变迁，鲁封桥的经济实体功能告一段落。鲁桥村村民最近一次的集体修桥活动是在20世纪50年代左右。他们从千山头开采大青石作为修桥原料，在桥底铺满了石头作为地基，并对桥面做了基础加固。最近几年，鲁桥村组织村民集资修路，有一部分村民提议在村西鲁封桥的桥面打上一层水泥以方便行走。这一提议遭到了其他村民的反对，所以修桥一事最终没有成行。村民郭传怀说：

> 头几年村里有人提老桥修复的事，说这座桥上边不平，想打上水

---

① 被访谈人：郭传怀，男，75岁，鲁桥村村民。访谈时间：2012年10月27日。访谈地点：鲁桥村。访谈人：张兴宇、孔军。

泥。我当时就提出异议，说这个是老的物件，它可能有一定的文化价值和历史价值。老的东西就让它保持原貌，不要在上边造一层水泥地面了。如果修了水泥路，将来要是再有人来考证它的价值，就找不到真迹了。这就和文物似的，你破坏它的原貌了啊。虽然鲁桥这个老桥并不是多显眼，但也有好几百年的历史了。[①]

作为一种村落标志性符号，鲁封桥曾经为鲁桥村的经济发展做出了重要的贡献。鲁封桥作为一座普通的石桥勾连东西交通，同时它也与村落之间的物资交流、集市贸易等方面密切相连。对鲁桥村而言，因鲁封桥的修建而兴起的村落市场贸易，在发挥经济功能之后继续承担着"文化资本"的特定社会功能。从商贸业到林果业的经济职能转换也反映出鲁封桥作为村落生活的一种载体，它不仅能推动村落实体经济取得进步，而且也可以构建具有丰富内涵的村落社会空间。

三、赶九月十二会

山东枣庄地区的庙会有很多，较为知名的如峄城青檀寺庙会、台儿庄泰山行宫庙会和山亭沧浪渊庙会，庙会会期一般是3～5天，长则10天左右。位于滕薛之交的千山头庙会会期为农历九月十二日，赶九月十二会亦逐渐衍化为周边村落民众日常生活中的一种习惯。众所周知，在中国城乡普遍存在的被称作"庙会"的活动，大部分兼有祭神和集市的双重目的，也有偏重其中某一方面的庙会，这需要从活动的具体情况出发来给予认知。一般而言，庙会的出现必须具备两个条件：一是宗教繁荣，寺庙广建，宗教活动日益丰富多彩；二是商品货币经济的发展使商业活动增加，城镇墟集增加。庙会之发展也有赖于这两个方面。在当前我国城镇化进程不断提速的大背景之下，民间庙会不仅作为一项信仰仪式活动而存在，其所涉层面也并非囿于市场贸易、文化娱乐等范畴。可以说，庙会为乡土社会中的民众提供了一处融会神灵信仰、物资交流及文化娱乐等多种组合元素的生活空间。

在鲁桥村村民看来，他们在日常生活中经常提及的农历四月初五会和

① 被访谈人：郭传怀，男，75岁，鲁桥村村民。访谈时间：2012年10月27日。访谈地点：鲁桥村。访谈人：张兴宇、孔军。

九月十二会实际上也是民众经济生活和信仰生活的一部分。由于前些年鲁桥村集市搬迁至千山头山脚下，鲁桥会的会址也随之迁移到了离村不远的千山头。对于当年这一段被搁置的“迁集、迁会”历史事件，不少村民仍耿耿于怀。鲁桥村村民复杂的情感表述，夹杂着对当时村落执政者的些许埋怨和不满。但集市、会址的搬迁既已成事实，众人也无力改变，因此村民也只能借助延续“鲁桥集”“鲁桥会”这一通俗称呼的做法来留住村落历史中的“鲁桥集会”记忆。而且，现在的四月初五会和九月十二会，在“会”的具体形态上也有着较为显著的区别。其中农历四月初五会更倾向于物资交流的目的，农历九月十二会则倾向于民间信仰的目的。事实上，鲁桥村部分村民对于鲁桥会的归属问题还存在着一定的误解，通常将四月初五会和九月十二会统称为“鲁桥会”。过去鲁南地区九月九日至十二日为千山头庙会，民众亦会在重阳时节登临千山头玉皇顶，凭栏远望微山湖，美景尽收眼底，饮酒赋诗，以文会友，当地传有“重阳无雨看十三，十三无雨一冬干”之民谚。[①] 作为物资交流会的四月初五会在历史上的确属于鲁桥会，但农历九月十二会其实是地道的千山头古庙会，而非当地村民所认为的鲁桥会。至于千山头与鲁封桥、鲁桥村之间的具体关系，则有待下文进一步梳理。

千山头，又名“青山头”，位于山东省枣庄市薛城区与滕州市交界处，距离薛城市区 5 公里，地理坐标为东经 117°16′20″～117°17′56″，北纬 34°51′40″～34°52′15″。千山头属蒙山、尼山山脉的合并脉系（尼蒙山脉）。从东面抱犊崮、鸡冠崮、梁山往西延伸的山系和从北面的尼山延伸至龙山、莲青山、黄连山等的山系在此碰接，千百个山峰延伸到此终止，故称“千山头”。古时满山遍是苍松劲柏，不见岩石，所以又被当地民众称为“青山头”。据清光绪《峄县志》记载：“自此而西，层岚复岭，横绝南北，遥与蒙、峄诸山相接，即世所谓千山头也（俗讹为青山头，皆滕境）。”[②]清代文人郝质瑜也曾在《游昭阳湖记》一文中写道：“东眺滕峄，而崇岭峻崦，危磴千云，乔林拂日者，则千山头也。”登上千山头顶端，往西南方向望去，天气晴朗时可观微山湖美景。千山头所处的区位即为当地村民心目中的“仙山胜地”。1999 年 6 月，薛城区人民政

---

① 参见于凤贵编：《山东传统节日传承保护与现代转型》，中央文献出版社 2013 年版，第 173 页。

② 赵亚伟主编：《峄县志》卷五《山川》，线装书局 2007 年版，第 73 页。

府曾在千山头南山脚下设立一通“千山头奚公山地质地貌景观保护区”碑刻。具体碑文内容如下：

根据《中华人民共和国矿产资源法》第十条规定：设立千山头奚公山地质地貌景观保护区。坐标范围：1. x：3859360 y：39525000 2. x：3859340 y：39525535 3. x：3859740 y：39525540 4. x：3859740 y：39525000 面积：205200 平方米。该区内禁止取土、采矿、埋坟等，未经有关部门批准，不得随意改变其使用性质。

薛城区人民政府　1999 年 6 月立

千山头碑刻

2005 年 5 月，薛城区政府又在此地立有一通“枣庄市重点文物保护单位——奚仲古墓”的碑刻。具体碑文内容如下：

时代：夏。1981 年，文物普查时在奚公山上发现一残碑，碑文内容为：“先贤冉求之墓。”现残碑下落不明，这两座墓当地群众称为“奚仲墓”和“冉求墓”。山的东侧原有“车服祠”，房基，“文革”时期被破坏。据史料记载，奚仲造车于此，整座奚仲山及其周围为保护地带。

枣庄市人民政府 1993 年公布

薛城区人民政府　2005 年 5 月立

千山头在当地有“千山七十二座庙”“九洞十三泉”及“千山八景”等说法。不仅如此，过去千山头还因其满山林立的儒、道、佛建筑而扬名苏、鲁、皖等地区。昔日千山头寺庵林立，观洞毗连，香火朝暮不绝，因此享有“仙山胜地”之美誉。据史料记载，唐朝老道士王和斋是第一个来千山头玉皇阁的。据村民讲述，大概在明代天启年间，老道士张敬慈从沛县云游至此，住在玉皇阁内。后经数年募化，积累巨资，兴建三北宫(亦称“老北宫”)。山上建有玉皇顶，楼院建造宏伟可观。庙内供奉着金色的玉皇大帝塑像，其端坐于大殿中，身高丈余，令人不敢逼视。千山头三北宫发展最为鼎盛的时期是在清朝乾隆年间，据说当时有土地900多亩，道众100余人。《滕县志》中曾收录无名氏诗句一则，描述了过去千山头庙宇林立、风景秀美的自然与人文景观：

谒车服寺

初阅车服祠，云峦楚楚长。
岩根堆雁塔，溪角架虹梁。
好鸟巢危树，孤猿叫断岗。
雨过闻幽磬，云开见上方。
苔侵石蹬滑，花拥洞门香。
激泉寒水发，观郡古楼荒。
禅客谈元切，骚人觅句忙。
踪迹依稀在，文章太古亡。
登临正游赏，惆怅已斜阳。[①]

虽然千山头曾经庙宇林立，但由于近代以来不断遭受战火、匪患及“文化大革命”时期的人为破坏，原本宏伟的庙宇建筑现在多半只剩下了残垣断壁。从清末至1928年，千山头老北宫尚有庙田450亩，牛马成群，仅雇佣长工就有60人之多。此后千山头道教建筑群历经匪患、兵劫，渐次破坏。在1928年2月，300余名土匪包围千山头脚下的奚村，绑杀村民，抢夺粮食。3月中旬，土匪头子朱重训又带领土匪包围千山头脚下的吴村，放火烧光全

① 道光《滕县志》卷十三《艺文志》，清道光二十六年(1846年)刻本。

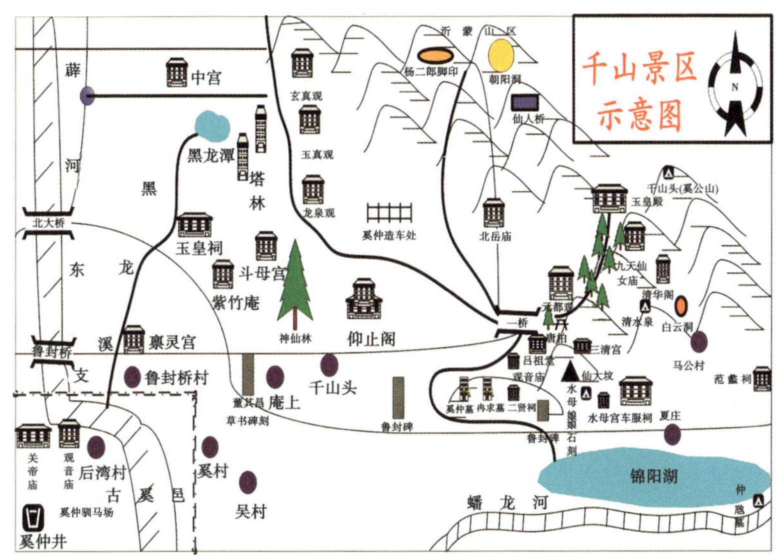

千山头旧景复原图

部房屋，杀死多名村民。前来救助的村民将土匪逼到山上，火烧千山头仰止阁。[①] 同时，玉皇阁亦被民团、红枪会烧毁。1937 年夏末，王守银带领部分“培贤道徒”又在滕县东南的千山头树起抗日救国旗帜。[②] 抗日战争期间，革命党人赖若愚、宋子成在千山头从事抗日统战工作。他们与“培贤道”首王守银结成至交，教育、团结其率众 100 余人，在千山头上举起抗日救国的义旗，建立了抗日武装。[③] 其间由于日军多次飞机轰炸，千山头庙宇遭遇浩劫。中华人民共和国成立以后，千山头的玉皇阁 5 名道士、1 名道姑皆还俗务农，原南、北、中三宫设立小学，从事教育活动。在“文化大革命”期间，千山头道观建筑群又遭到人为破坏。此后，千山头所有道士全部还俗从业，老年道士或者归田，或携田入社，就地落户，成为五保户。[④] 历经数十年战乱、匪患及人为损坏，千山头原有的道教建筑群已被毁坏殆尽。据村民回忆：

---

① 参见王郁昭主编：《中国名镇大典 · 山东》，中国大百科全书出版社 1995 年版，第 147 页。

② 参见李广星主编：《滕县志》，中华书局 1990 年版，第 18 页。

③ 参见沙雪斌总主编：《薛城风物》，山东友谊出版社 2010 年版，第 47 页。

④ 参见滕州市政协文史资料委员会编：《滕州文史资料》第 12 辑，滕州政协文史资料委员会，1995 年，第 189～192 页。

千山头的庙以前可多了，只不过都被毁了。那时候一到九月十二，烧香的人多得插香都插不上。“文化大革命”的时候都给砸了，过去日本人的飞机也炸过，土匪也烧过。原先这边都是塑像，玉皇顶下边是大观，大观下边是仙人桥。两排松树90多棵，两三个人抱不过来，毁得可惜了。玉皇大帝的屋里面，人去了都害怕，南边是玉皇奶奶，北边是玉皇老爷的九个闺女，阴沉沉的。北宫、老宫也不敢进，上边的塑像都是彩色的泥像。玉皇老爷的两个眼是用珠子做的，不知让谁弄去了。下边是吕祖堂，哑巴庙。①

1953年，为了收治政府干部及脱产职工中的麻风病人，滕县专区在滕县柴胡店千山头古庙建设了干部疗养院。当时共有房屋88间、工作人员42名，其中技术人员有21名，设床位70张。② 1993年，在千山头山下西侧，由夏庄乡政府总投资1700万元成立的千山水泥厂开始开山取石生产水泥。6月份，千山水泥厂10万吨水泥生产线正式投产。③ 这座水泥厂的运行给千山头原有的山体生态带来了极大灾难，千山头北部山体也因此遭到严重损坏。虽然千山头及其所在区域的庙宇遭遇损毁，但每年农历九月十二的千山头庙会一直传承至今，距今已有600余年的历史。旧时千山头庙会，一进入九月，鲁桥村等附近村庄的村民就开始准备杀猪宰羊，邀请远方的亲友来此赶会。庙会一般从农历九月初五开始，直到九月十五才告结束，“九九”重阳节期间达到高潮。但千山头庙会的正会期为九月十二，当地村民俗称为“赶九月十二会”。庙会期间，前来烧香许愿的村民络绎不绝，香客范围广至苏、鲁、皖等地，赶会的善男信女摩肩接踵，常常把整个山门围得水泄不通。去山上烧香敬神时，附近的村民常会准备几升粮食施舍给庙里，祈求神灵保佑来年丰收。当地的文人墨客也会在此期间登高赋诗，把酒欢饮。来自各地的戏班子和各种民间艺人会在庙会当天搭台献艺，庙会规模多达数万人。据村民回忆：

这个庙宇和庙会都有年岁了，怎么着也有好几百年的历史了，是个

---

① 被访谈人：张文平，男，73岁，鲁桥村村民。访谈时间：2012年1月20日。访谈地点：鲁桥村。访谈人：张兴宇、朱明。

② 参见山东省滕州市卫生局编：《滕县卫生志》，滕州卫生局，1990年，第222页。

③ 参见张守德、苏广智编：《枣庄市大事记(1991～1995)》，山东友谊出版社1997年版，第277页。

古庙会。一说赶九月十二会，大家都知道，西边远处的甚至连坡西的人都知道这个会，都到这里来赶会，拜玉皇老爷、敬神什么的。微山、滕州、枣庄的人也来，人多极了。附近的庄子，那时候大家也都忙完地里的活了，没什么别的事，就来赶会玩耍玩耍。①

过去鲁封桥是古薛河周边村落的乡民前往千山头敬神的必经之路，占据着相当重要的地理位置。而在鲁桥村村北曾建有一座禀灵宫，隶属于千山头道教建筑群的一部分，但其在“文化大革命”期间被拆除。鲁桥村村中过去还曾立有一通“鲁府封”石碑，暗含着鲁桥村与千山头之间千丝万缕的联系。庙会作为乡土社会中不可缺少的信仰活动，至今仍旧发挥着重要的作用。对鲁桥村村民而言，参加农历九月十二日的千山头庙会活动，是村民日常信仰生活的延续。赶九月十二庙会是鲁桥村村民年中行事必不可少的一项活动，而鲁封桥则成为建构村落神圣空间的一条重要纽带。

以 2012 年千山头农历九月十二庙会为例。在农历九月十一日下午，千山头玉皇顶“噼里啪啦”的鞭炮声便逐渐密集起来，来自十里八乡的物资交流商也开始向千山头山脚下汇聚。距离近的商户多来自周边的滕州、官桥和沙沟一带，远的来自徐州、沛县、微山等地。客商们有条不紊地布置着各自摊位，占地、摆摊、搭棚、安放车辆等等，看起来并不着急。他们为第二天千山头庙会的正会期做了充分的会前准备，整个庙会现场也显得井然有序。

1. 庙会现场②

2012 年九月十二日早晨 7:10 左右，前往千山头玉皇顶烧香祭拜的人流逐渐增多。从山脚下到玉皇顶的路途大约有 1 公里。中间途经车祖广场、奚仲纪念馆、祥云亭，再沿着约 2 米宽的蜿蜒登山台阶继续前行 200 米后才能到达刚修建完毕的玉皇大殿前。重修的登山台阶大概有 6 米宽，但坡度很陡，老年村民在登山时需由他人搀扶才能顺利走上去。登上这段台阶，也就到达了当天千山头庙会祭祀的主要场所。总体来看，这是一处并不宽敞的香火平台，坐东朝西的玉皇大殿矗立在二层平台之上。玉皇大殿右侧紧依

① 被访谈人：何怀宝，男，57 岁，何庄村村民。访谈时间：2012 年 10 月 26 日。访谈地点：千山头。访谈人：孔军。

② 注：2012 年 10 月 25～27 日，山东大学民俗学研究所硕士研究生孔军、周明霞和刘若轩参加了千山头庙会田野调查活动，特此致谢。

着一处供满了观音、财神等民间神灵的庙棚。它由村民用铝合金材料搭建而成，并统一刷上了朱红色的油漆。相比于之前简陋的石棉瓦庙棚，这已然显得十分大气了。再往南走便是“皇老爷”和“皇奶奶”殿，村民说里面供奉的神灵为玉皇大帝的父亲和母亲。而在一层平台左侧是刚修建成的王母大殿，由于建设时间仓促，村民还没来得及在王母殿中塑上神像，只有几张纸质和几尊石膏材质的神像安放于殿中。在王母殿右侧，安放着两处大铜香炉。香炉里面插满了约有1米高的香支，使得整个庙宇空间显得烟雾缭绕。再往右侧为一处新建的焚烧简易炉，它是村民用砌块垒成的长4米、宽2米、高0.6米的简易旱池，里面存放了大量已经充分焚烧过的金银纸灰和香灰。在台阶的左右两旁分别矗立着一根不锈钢材质的旗杆，上边悬挂着红色的绸缎。初秋清晨，伴随阵阵寒风，四处摇曳的红旗使得整个庙宇空间看起来更加肃穆、神圣。右侧旗杆旁为一片空地，地面上铺满了近几日前往千山头烧香许愿的香客们燃放鞭炮遗留下来的纸屑。

奚仲纪念馆

2.庙会的操持与运作

至于千山头庙会操持和运作的具体人员，当时主要是由所谓的“会首”刘师傅及其聘请来的朱道长、管账先生钟师傅和众多帮工人员共同组成的。

和之前庙宇被毁的衰败形象相比，近些年千山头九月十二庙会的香火又逐渐兴旺起来，这实际上与以庙会为表征的乡村文化复兴这一时代背景密不可分。千山头庙会香火的旺盛不可能仅凭刘师傅的一己之力来实现，众多香客连同朱道长、管账先生及帮工村民等多元力量共同建构了千山头庙会香火日盛的神圣格局。有了以村落香客为主体的稳定香火支撑，以及刘师傅等热心人士的现场操持，千山头庙会才得以平稳有效地运作。他们从庙会中各取所需，也可以最大限度地满足自身需要。

庙会香火

对于鲁桥村普通村民这一信仰个体来说，其神圣体验主要表现为信仰生活与世俗生活完全相异的神秘性和不确定性。实际上，从日常观念再到身体感受，村民参与千山头庙会的敬神仪式大部分是出于一定的功利性目的。这也进一步激发了村民在赶庙会时去主动体验庙会所赋予的神圣感。在千山头庙会的仪式现场，登山烧香祭拜的村民们无时无刻不在体验着这种神圣感觉。正如前来赶庙会的鲁桥村村民所言："九月十二这一天，千山头全山都是神。"无论从言语上还是从实际行动上看，当地村民都在努力营造这样一种"犹如神在"的感觉，千山头庙宇的神圣空间似乎也转化为一种无意识的体验和情境塑造。可以说，通过庙会祭拜神灵等相关仪式活动，村民也可以保持对现实生活的乐观期盼。

3. 香客比例与心态

通过对前往千山头庙宇敬神的村民人流量进行定点随机统计，不难发现，9:30～10:30 期间是香客进香的高峰期。其中在 10:00～10:15 之间，短短 15 分钟之内，登山烧香的人数就已达到 242 人，千山头登山道路一度出现了拥堵现象。

2012 年千山头庙会登山人流量统计表

时间	拜车神	玉皇顶	总计
8:30～8:40	33 人	51 人	84 人
8:40～8:50	40 人	71 人	111 人
9:40～9:50	—	—	157 人
9:50～9:55	—	—	149 人
10:00～10:15	131 人	111 人	242 人

统计人：周明霞、刘若轩。

2012 年千山头庙会王母庙进庙人数统计表

时间	男香客	女香客	总计
7:30～7:40	9 人	15 人	24 人
8:32～8:40	9 人	15 人	24 人
9:30～9:40	—	—	人流量过大，无法统计

统计人：孔军。

这些香客们不断在玉皇大殿和王母殿之间走动，由于千山头庙宇空间的规模限制，整座庙宇群落之间正常的人员流动也变得非常困难。诸多香客甚至放弃了走进庙中磕头拜神的仪式性行为，索性把香支直接插进香炉，就地磕了几个响头，然后嘴上念叨几句祝愿话语便匆匆下山。登山敬神中的男女香客比例明显失调，以中老年女性居多。庙宇管理人员在山上专门设置了燃放鞭炮的区域，允许香客燃放自己携带来的鞭炮。不断燃烧的香火产生了浓厚的烟雾，使得整个千山头玉皇顶云雾缭绕。到了 11:30 左右，香客人数逐渐减少。

登山祭拜

下午 4:00,登山的香客人数开始锐减。因为当天千山头的天气一直处于阴霾状态,加之气温较低,香客们普遍反映香客人数相比去年减少了很多。而且,按照村民的说法,千山头庙会期间香客祭拜的主神为玉皇大帝,他们普遍认为祭拜玉皇的最佳时间应在上午 12:00 之前。如果晚了敬拜的时辰,则会显得心地不诚,这是导致下午人流量减少的重要原因之一。

远至坡西、沛县等地的香客通常也会在九月十二这一天到千山头玉皇顶烧香许愿,足见千山头庙会在当地民众心中之重要地位。前来敬神的香客,一般要提前一天准备好敬神的金银纸,当然也可以在庙会当天从山下香火售卖处直接购买。香客们在千山头各庙宇的祭拜顺序一般是先拜玉皇大帝,再拜王母娘娘,最后祭拜玉皇大帝的父亲和母亲,因为村民认为在这一天四面八方都是神,所以要时刻保持敬畏之心。村民吴朝顺说:

以前都是三天的会,后来变成一天了。那时候到了九月十一,俺这一片的,还有坡西的老嬷嬷都到这边来上供,烧香的很多。到了十二那一天,老的少的都来了。而到了十三,人就开始少了。年年都有好几班唱戏的,老头、老太都过来听戏。现在就一天,也不如以前人多了。现在主要是集市多了,以前没有这么多,近的只有鲁桥有个老集,远一点

的西桥、薛城、南石沟有集，现在都有超市了。主要是那时候人也穷。[①]

当然，鲁桥村村民也会在农历九月十二这一天呼朋唤友去千山头赶庙会。由于千山头山上和山下分属两个不同的空间，年轻一些的村民更喜欢参加山脚下的物资交流会。而年纪稍长的村民则会准备金银纸、果供等物品，先到千山头玉皇顶上祭拜神灵，然后再下山赶会。值得注意的是，许多前往千山头祭拜神灵的外地村民对鲁桥村、鲁封桥的来历也略知一二。他们虽然对“张果老造桥”这一民间传说的详情所知不多，但大体上也能描述出故事的梗概。而且，这些外地村民对鲁封桥曾受过御封的说法也表示认同。如村民刘春野说：

> 那座桥是鲁封桥，是鲁祖修的，可不简单。多少人想动它，国家文物局不让动。那是古代的桥，传说桥的名字是倒骑驴的张果老封的，不是一般的桥。[②]

庙会俯瞰

① 被访谈人：吴朝顺，男，51岁，吴村村民。访谈时间：2012年10月26日。访谈地点：千山头山脚下。访谈人：周明霞。

② 被访谈人：刘春野，男，60岁，后湾村村民。访谈时间：2012年10月26日。访谈地点：千山头山脚下。访谈人：刘若轩。

四、庙会降雨能“刷山”

1.“大旱不过九月十三”

在鲁桥村，村民去千山头赶九月十二庙会的原因之一是当地流传着“庙会降雨能刷山”的说法。据鲁桥村村民讲述，基本每年农历九月十二日，天空都会降雨，雨量或大或小，村民俗称“刷山”。而村民对此习俗的解释是玉皇大帝、王母娘娘等神灵在九月十二这一天接受香火，为了回报民众的虔诚供奉，便降雨赐福，恩泽众生。此外，鲁桥村一带不仅有“大旱不过九月十三”的民间传说，还流传着“千山头出云，下雨不用问神”等俗语。对于庙会当天降雨的奇特现象，部分千山头庙会操持者给出的解释则是由于千山头属于灵性之地，灵之所归，老天必然会降雨。在2012年千山头庙会当天下午4时左右，天空果然降下了村民们期盼已久的“灵雨”。他们见此情状，纷纷言道：“下吧，下吧，正好刷刷山。”这也表明，在他们眼中，千山头所凝结的灵验之气才是促使他们不断前来焚香祭拜的关键原因。

实际上，千山头所处区域每年在农历九月十二日前后降雨，或许只是数百年来当地民众于日常农事耕作活动之中总结出的节气时令经验而已。千山头庙会承载着周边村落民众的“刷山”记忆，“刷山”之灵验性也增强了村民对传承赶九月十二庙会习俗的信心。村民把赶庙会与农事生活经验相结合，给这种用常理无法解释的自然现象赋予了神灵的力量，并归结于神灵收受香火降雨赐福众生。在过去，村民主要把农业生产作为日常生计来源，而雨量的丰沛与否直接决定了当年农作物收成的好坏。这直接影响着村民的“生存大计”，所以鲁桥村及其周边村落将“九月十二降雨”一事看得如此神圣也就不难理解了。

此外，下雨“刷山”不仅能使经受一天烟雾熏染的千山头庙宇变得空气清新，在除却污秽的同时，更重要的是它契合了村民心目中的灵验心理。“赶九月十二会”与“刷山”之说，也彰显出鲁桥村村民在村落日常生活中遵循着一套鲜明的信仰逻辑。

降雨“刷山”

2.“灵验”的逻辑

千山头九月十二庙会的再度复兴与其在当下蓬勃发展的状态，离不开乡民在赶庙会时所持有的灵验心态。这对普通村民来说，属于一种有形神圣空间和无形神圣时间的综合性感知。对于千山头庙会中的各种信仰仪式及其实际功用，村民通过个体秉承的灵验神圣心理在庙会现场的神圣空间得以释放和表达，村民的信仰习惯在庙会这一特殊信仰时段得到无形强化。而千山头庙会现场张贴的各种标语和横幅，也时刻提醒着村民们保持一种神圣的心态。例如：

往上走吉祥得自在，进山来消灾增幅慧

千山庙宇靠我发展，我靠各位善主众托

文明千山，和谐千山，弘扬千山，顺发千山

奋进催生庙宇辉煌，信念推动历史跨越，人助庙宇香火旺，天助庙宇降吉祥

呼唤千山，唤醒千山，振兴千山，建设千山

……①

① 注：标语系当时千山头玉皇阁庙宇负责人何怀宝书写并张贴。为书写方便，村民将“千山头”简写为“千山”。

如上所述，村民们在参与千山头庙会信仰仪式的过程中所体验到的神圣观念促使其实践具体的行为，而这些行为也强化了村民的神圣意识。作为庙会参与者个体而言，无论是登山道路边的乞讨者、售卖平安符的商客，还是前来烧香许愿的民众和操持庙会的众多人员，这一庙宇神圣空间在庙会当天始终处于对外开放和共享的状态。对于赶九月十二庙会的鲁桥村村民来说，为神灵准备供品、烧香磕头、燃放鞭炮等仪式性行为此时已并非特别重要，重要的是在庙会当天"我"要来赶庙会，因为九月十二庙会是"我"的庙会。在鲁桥村村民眼中，这不仅关乎村民个体的自身利益，更进一步讲，这还是"我们"的群体庙会。此种逻辑建构过程，不断渗透至村落日常生活体系之中，并成为整合村落民俗传统的纽带。如村民们讲：

> 这就是俺们这里的一个风俗习惯，到了这个时候都得去赶会。买不买东西另说，去会上逛逛也不孬。十里八村的都知道来赶这个会。你说都知道信这个属于封建迷信吧，但是老百姓心里边多少还是迷信点。[①]
>
> 大家都觉得俺们这一片都是千山头玉皇老爷保佑着，所以一直都平平安安的。这么多年了，俺们这里就没有什么大的灾难，所以趁着九月十二庙会给玉皇老爷上上香也是应该的啊。[②]
>
> 听说1937年的时候，有日本人打赌，说5年以内我们这里要地震，就完蛋了。但是我们这里一直没事，日本那边就地震了。这边没出过什么大的天灾，大家都认为就是神灵保佑的。一般的山有滑坡的，都是天灾。[③]

在过去，千山头庙会"刷山"与否，直接关乎着鲁桥村及周边村落的切身利益。赶庙会成为当地村民的一种生活习惯，也就是鲁桥村村民常说的"饿死不离青山地(千山头)，皇天老爷保佑青山四十里"。除去村落中传统的信仰习俗活动，鲁桥村村民还与周边村落共享着千山头庙会这一跨村落信仰

① 被访谈人：吴朝顺，男，51岁，吴村村民。访谈时间：2012年10月26日。访谈地点：千山头山脚下。访谈人：周明霞。

② 被访谈人：张李氏，女，74岁，鲁桥村村民。访谈时间：2012年10月26日。访谈地点：鲁桥村。访谈人：周明霞、刘若轩。

③ 被访谈人：侯某涛，女62岁，吴村村民。访谈时间：2012年10月26日。访谈地点：千山头山脚下。访谈人：刘若轩。

资源。民间庙会对村落日常生活秩序产生了一定的影响,更为关键的是,村民也在日常生活之中不断适应这种变化。透过千山头庙会形成的各种神圣叙事,以及由此衍生的各种民间习俗,也可以窥见鲁桥村一带乡民的日常生活逻辑。

第五章
西南大路桥上走

鲁桥村村民曾自我评价说，大多数村民的骨子里始终存在着一种近乎执拗的灵验观念。而这种相对朴素的民间信仰意识，早已深刻渗透到村落信仰生活的方方面面。在普通村民眼中，石桥、石婆婆、古槐树等村落历史遗存皆属灵验之物，不可轻易触犯。当村民面临现实生活中的各种复杂困境时，他们往往也会陷入“宿命论”的信仰怪圈。再者，鲁桥村村民在日常生活之中所涉及的农事劳作、衣食住行、婚丧嫁娶及节日礼俗等不同领域，通常还或现或隐地遵循着某些约定俗成的禁忌规避观念。他们为之所做的一切努力，都是在祈求未来能够获得更加安稳殷实的生活。

不仅如此，石桥作为沟通人与自然关系的一根象征性纽带，通常在各类民间信仰中也会有所表现。在鲁桥村村民看来，鲁封桥并非只是一座平凡无奇的石桥。它除了具备方便人们日常出行、促进村庄商贸发展等实体作用之外，在鲁桥村还发挥着勾连村落仪式空间的重要功能。鲁桥村一带地居鲁南礼仪之邦，无论红白喜事，当地素有“大操大办”之风习，而丧礼厚葬之风尤甚。而在鲁桥村传统丧葬礼仪程序中，长期流传着一种“鲁封桥上送盘缠”的民间习俗。村民说，这又叫“西南大路桥上走”。

一、灵验信仰

表面上看来，鲁桥村村内的各种民间信俗具有较大的随意性和不确定性。它植根于村落日常生活之中，并逐渐成为村民们普遍认同的信仰规范。这些信仰规范并非一成不变，而是伴随着村落传统的变迁发生相应的位移。可以说，灵验信仰是目前鲁桥村最具代表性的信仰规范之一。与之相关的村落神圣空间建构，则主要围绕着灵物、灵石等民间信仰而展开。鲁桥村村民在日常生活之中常会把一些动植物及其他自然物体作为信仰崇拜的对象，即通常所说的灵物崇拜。除了年节期间家家都要供奉的天老爷、灶王爷等民间神灵之外，鲁桥村落内部普遍认同的崇拜对象主要包括古槐树、土地庙、石婆婆及黄鼬等灵物。正是这些灵物，构成了村落神圣空间的主要元素。

1. 古槐树

古槐树，村民俗称“老槐树”，位于鲁桥村村委会西侧，原鲁桥小学院内，其所在方位大概处于鲁桥村村中央的位置。据村民推断，鲁桥古槐至少已有近 300 年的历史。在这棵古槐树的树干上，现在悬挂着一块由枣庄市政府文物保护单位于 2006 年测定的“国家三级保护树木”牌匾，认定其树龄为 270 年。这棵古槐树高约 10 米，周长约 6 米，三个大人手牵手都抱不过来。古槐树内部现为空心，但仍枝繁叶茂，是鲁桥村现存较为完好的古老树种之一。据村民回忆，过去古槐树枝繁叶茂时，树冠的遮阴范围占 1 亩地有余。鲁桥村村民认为槐树有祈子的作用，据说没有怀孕的妇女吃了槐树豆子就能怀上孩子。在“文化大革命”以前，古槐树所在之处曾经是鲁桥村村委会临时办公的场所。鲁桥村夏季炎热干燥，酷暑难耐，枝繁叶茂的古槐树也是村民纳凉休息的好去处。村民郭传怀回忆道：

> 那时候国家给定了三级古树名目，这棵树得有近 300 年的历史了。以前夏天的时候，树长得很茂盛，树冠遮阴都有亩把地。那时候大队部开会或搞什么活动，一伙人都是坐在树底下。还有姓张的在这边开个火烧铺，也有开铁匠铺的，都在树底下凉快。[①]

① 被访谈人：郭传怀，男，75 岁，鲁桥村村民。访谈时间：2012 年 10 月 27 日。访谈地点：鲁桥村。访谈人：张兴宇、孔军。

古槐旧景

由于古槐树所在的地段原属于鲁桥村郭氏家族的墓地，所以自 20 世纪 90 年代鲁桥小学搬迁之后，原来的校园土地被郭氏家族收回使用。郭氏后人在古槐树旁立碑砌墓，重新修了坟头。古槐树也被他们视为灵树加以虔诚地敬奉，每年在清明节、七月十五、十月初一时他们必定要来此上坟祭奠。村民认为，老槐树过去生长于郭氏祖坟之上，而当地传有“不许乱动坟地之物”的民间禁忌，因而此树能够长期保留下来。依据鲁桥村郭氏族人的相关回忆，也可以窥探一二：

那是清朝的事了。原来俺们的老陵在后头，老陵没有穴道了，才迁陵至前边来的，具体是在清朝哪个年代我也忘了。这棵树呢，依我个人的看法，应该是一棵自然兴的树，巧的是长到坟头上去了。以前呢，都是土葬。过去老陵上的东西没人碰，而且庙上的东西也不能往家拿。陵上的树不能碰，也没人敢碰，怕有什么事，所以这棵槐树能够存活下来。①

① 被访谈人：郭传怀，男，75 岁，鲁桥村村民。访谈时间：2012 年 10 月 27 日。访谈地点：鲁桥村。访谈人：张兴宇、孔军。

古树历经荏苒岁月，能够存活下来实属不易。鲁桥村村民认为这类古树年深日久，早就成了精灵，因此对其虔诚敬拜也是应然之举。除此之外，鲁桥村村民还会把桃树、桑树等一类的植物视为辟邪的灵物。例如，鲁桥村村内新出生的孩童满月后到外婆家走亲戚时，家中大人一般都会给孩童随身带桃枝，据说能起到辟邪驱灾的功用。

古槐今貌

2. 土地庙

位于鲁桥村东北方向有一座土地庙，系鲁桥村村民于2005年自发筹资重建。这座土地庙过去曾是鲁桥村丧葬仪礼中报庙送浆水的地方。现在重建的鲁桥村土地庙占地面积并不大，庙门面朝东南方向，门上刻有一副“福法福有法，正神正为神”的对联，横批为“惩恶扬善”。主庙两侧各立有一通石碑，栽种松树两棵。其中，东侧的石碑刻有《重修土地庙碑记》，记录了修建土地庙的来源事由。具体碑文内容如下：

> 鲁桥村北，溪水北岸，禀灵宫庙前门西，旧有土地庙一座。因兴修水利，平整农田，一九六六年被毁。但至今村内若有向阴辞阳者，其后裔仍沿承报庙之习惯，在此以祈灵魂升天堂。为传承民俗文化，满足丧葬活动场所之需求，村民自发义务踊跃捐资，并协商原址不动，××××

重建土地庙一座。在村民的齐心合力协作下，于二零零五年落成。昭示后人，特勒石以记之，捐资者功德永记。捐资五十元以上者，特记之。

鲁桥村全体村民立

从碑文内容可以发现，这座土地庙是在村落中的禀灵宫庙原址附近修建而成的。如前所述，禀灵宫原是村东千山头道教建筑群的一部分。鲁桥村村民选择在此地重建土地庙，亦是为满足村民人生仪礼中的丧葬习俗。禀灵宫又被村民称为千山头道教建筑群的“传达室”。村民说，过去附近村子的百姓在去千山头玉皇顶敬神之前，必须要经过鲁桥村禀灵宫。村民需摆供祭拜一番之后，方可继续登山。据村民张文平说：

千山头一共有八大景，在俺们这里有个禀灵宫。也就是说，所有的神仙去千山头玉皇顶拜见玉帝之前，必须先通过这里的禀灵宫通报一声才行。过去有个八棱碑，头顶莲花盆，传说这个八棱碑用十二根粗绳都绑不过来，实际上并不粗啊！那时候有山门，有塑的神像，还有刻的碑，但后来都被毁掉了。[①]

土地庙

① 被访谈人：张文平，男，73岁，鲁桥村村民。访谈时间：2012年1月20日。访谈地点：鲁桥村。访谈人：张兴宇、朱明。

据鲁桥村村民回忆，过去在禀灵宫旁边不远的地方，还曾建有一座约三层楼高的道教建筑，当地人俗称“玉皇阁”。当时曾有一位叫闫道人的道士在阁中开设中药铺，治病救人。民国战乱时期，此地被一窝土匪强行霸占。这帮土匪在玉皇阁内吃喝嫖赌，作恶多端，民愤不已。后因土匪之间赌钱产生内讧，有人在夜间偷偷放了一把火，玉皇阁内的土匪被活活烧死。鲁桥村村民常会用这一案例警醒后代子孙不许为非作歹。

3. 石婆婆

旧时，鲁南一带几乎每村都立有一尊石婆婆，或安置于庄口、村中央、街巷口，或正对桥梁的路口处，起到村际界碑的功用。在鲁桥村南北大道的中间位置，现在仍立有一尊石婆婆，当地村民有拜认其为“干娘”的民间信仰习俗。鲁桥村“拜干娘”的人一般是身子骨较弱的孩童，也有外村幼童到此处拜认石婆婆为干娘。他们大多都是经由周边村落的所谓“神婆”“神汉”指点，言说家中孩子属“童子”之身，拜认石婆婆为干娘可以保佑身体安康。按照“神婆”“神汉”的“点化”，在选好吉日之后，家长要准备干鲜水果、烟酒等供品，带着孩子到此处举行拜认仪式。拜认仪式之后，还要将一张红纸或 3 尺红布用红绳把石婆婆包上，意寓给干娘穿上新衣，然后燃放一挂鞭炮，祭奠诸神。孩童认了干娘以后，每年年底都要来此处给石婆婆上供，心诚者往往逢初一、十五都会去上香供养。如果认干娘的是女孩，在女孩结婚之前，还需要到“神婆”那里换取“童子”之身，并准备鸡鱼大供，磕头还愿。如村民张运令说：

> 俺们村拜石婆婆认干娘的风俗可是久远了。过去的时候，医疗条件差一些，孩子多，不好养活。按照迷信的说法，认石婆婆做干娘，可以保佑小孩子健健康康地成长。很简单的道理。老百姓都说，你用心供奉它了，它才能保佑你。[①]

石婆婆信仰对于鲁桥村村民而言，在日常生活中主要起到了重要的心理导向与控制作用。在鲁桥村，村民面对现实生活中的各种困境和所谓“灾难”，祈求石婆婆保佑平安，选认灵石做干娘等信仰行为或许只是他们缓解内心忧虑的一种手段。

---

① 被访谈人：张运令，男，58 岁，鲁桥村村民。访谈时间：2012 年 1 月 22 日。访谈地点：鲁桥村。访谈人：张兴宇、朱明。

更为明显的一点是，在这个只有 300 多户村民的平原村落中，村中随处可见“泰山石敢当”之类的镇宅灵石。村民认为这种刻有“泰山石敢当”字样的石头能够镇宅压邪，给家庭带来福祉。

石婆婆

泰山石敢当

4. 黄鼬

当地人俗称“黄鼠狼”，是鲁桥村村民较为常见的一种动物。在山东省各地，民间认为最有灵性的动物当推狐狸和黄鼬，它们一向也是被视为“仙家”予以敬奉的。① 而在鲁桥村，村民多把黄鼬视为“仙家”予以敬奉，一般忌讳直呼其名，通常称其为“黄仙”。村民认为黄鼠狼分为两种：一种是黑嘴的，叫作“鼬子”，它爱偷吃东西，尤其爱偷吃村民家中散养的母鸡；另外一种是耳朵带白点的，是村民敬重的“黄仙”，它轻易不会侵犯村民家产。如果村民偶然见到它时，不能胡乱言语，否则会给家庭带来灾事。鲁桥村村内有些“神婆”“神汉”也会以家中敬奉“黄仙”之名给村民医治虚病。村民认为，普通百姓如果不尊敬“黄仙”，可能会给家庭带来不测。如村民张运令说：

> 俺们这里信“黄仙”，耳朵带白点的黄鼠狼不吃鸡，是“仙”，尖嘴、黑嘴头的是鼬子。以前在俺老家屋后边有十几只黄鼠狼，它们排着队走路，有一只还跳到了桌子上。俺这里认为黄鼠狼是“掌家仙”，得尊敬它。你比如前边的张××，他一家为什么败落了？原来他家里最富有，养花，地很多。据说他家里就住着一窝“掌家仙”，缸里有舀不完、吃不完的粮食，没挨过饿，也没受过穷。后来，张××看见黄鼠狼就打着玩，把小黄鼠狼的腿打瘸了一条。再后来，他爹的腿就瘸了，他姑的腿也瘸了，他奶奶得急病死了。原来他是一个学校的高材生，现在是人事不省。传说他家就是得罪了仙娃。②

与之相类似的情况是，鲁桥村村民还禁忌触犯蛇、燕子、刺猬、猫头鹰等“灵物”。村民认为，此类“灵物”长久修炼已经得道“升仙”，对于这些“灵物”平时应尽量避免接触，更不能随意招惹。如果在村中偶然遇到，村民则应以敬畏之心相待，以免带来灾祸。而且，一旦村中出现“黄仙”“蛇仙”等“灵物”时，个人也应当加以戒备，以防发生不测。鲁桥村目前还流传着许多与之相关的民间信仰禁忌。如：

> 据传说，鲁桥这里曾有一只金鸡和一匹白马驹子，别人都没见过。当时一户张氏村民的房屋东面有“咚咚”的声音，大伙儿不让挖，说里面

---

① 参见山曼等：《山东民俗》，山东友谊出版社 1990 年版，第 364 页。

② 被访谈人：张运令，男，58 岁，鲁桥村村民。访谈时间：2012 年 1 月 22 日。访谈地点：鲁桥村。访谈人：朱明。

应该有东西……1992年，也就是俺们这里刮大风那一年，我从外边回来得晚。一进家院，看到地上盘了一盘长虫（蛇），很大，朝东吐着信子。“虎踞龙盘今胜夕”。我放的石面子（用来驱除虫蛇的石灰），第二天也没有任何痕迹，紧接着就刮大风了。咱这里人不喜欢伤害蛇，还有燕子也不能碰，春天燕子到谁家垒窝，那是福分，不能打扰它。这些都是有灵性的动物。[①]

显然，普通村民的信仰生活离不开村落神圣空间的建构。在鲁桥村村民赖以生存的这片土地上，村民借助对村落之内不同信仰对象的心理诉求表达，既构建了村落神圣空间体系，也能实现对自我心灵的精神安顿。具体来说，鲁桥村传承已久的“黄仙”崇拜、石婆婆信仰以及土地庙报庙等村落信仰习俗，都呈现出该村村民在现实生活之中无法规避的信仰禁忌观念。它与每一位村民的日常信仰行为密切相关，影响着村民的日常信仰方式，而村落集体信仰习俗的生成可视为一种指向人心的教化模式。不仅如此，鲁桥村村民日常秉持的灵验心态，也有助于维系村落信仰生活秩序的稳定传承。反观鲁桥村村落神圣空间及信仰体系的构建过程，无论是村民个体的灵物崇信，抑或是群体参与的庙会神圣体验，都充斥着普遍的功利性诉求。在鲁桥村村民看来，民间信仰的功能性和灵验性是一种相辅相成的关系，并不能因此去否认他们在日常村落生活中所获得的整体性神圣感悟及其形成的朴素信仰观念。至于鲁封桥，村民更是将其视作村落中的重要灵物之一，至今在鲁桥村还传承着“鲁封桥上送盘缠”的丧葬礼俗。

二、丧礼送盘缠

生老病死，在鲁桥村村民看来，是每一个村民个体都必须经历的事情。活养死葬，则是鲁桥村流传已久的民间养老规矩。鲁南地区的丧葬礼俗较为繁杂，大体说来主要表现在三个方面。第一，丧葬礼仪的复杂性。自始至终，参与丧礼人员的一言一行都有着严格的规范和禁忌。第二，组织的规模性。多是从家庭扩展至整个家族，有时也需要其他姓氏的家族帮工。第三，

① 被访谈人：张运林，男，55岁，鲁桥村村民。访谈时间：2012年1月21日。访谈地点：鲁桥村。访谈人：张兴宇、朱明。

严格的等级制。丧礼流程尤其注重村民的身份秩序差异。其实，对大多数村民而言，孝敬老人是他们日常生活中重要的价值准则之一，村民常会用“羊有跪乳之恩”“乌鸦有反哺之心”等事例教育幼童孝顺父母，礼敬长辈。村中每每出现一些家庭兄弟之间不合、因养老问题产生纠纷的不良情况时，这些家庭通常会被其他村民所耻笑。当家中老人去世时，鲁桥村村民尤其重视丧葬仪礼。丧礼在鲁桥村又被称为“办白事”“喝杂菜汤”，而举办丧礼的“大操大办”之风在当地并不鲜见。过去在丧礼过程中，一些村民除了邀请唢呐班子、戏班、歌舞团等前来表演助兴外，往往还会大摆宴席，耗费大量财资，意欲借助隆重的丧葬仪礼来彰显“孝心”。这一“厚葬”风气也使得鲁桥村许多家庭被丧礼所困，深受其扰。

白事告示条

近些年，随着国家推行“厚养薄葬”的礼俗新风，鲁桥村的传统“厚葬”风气也出现了较大的改观。村民张文金对此深有体会，他说：

过去村里的红白喜事都是负担啊，人情往来太重了，都是用钱说话，没有钱不行。办白事的时候，这边都时兴大操大办，觉着老人活着的时候不容易，死的时候一定要风风光光的，不能丢人，不然人家会说你不孝顺。可是你反过来想想：什么是孝顺呢？老人活着的时候你不养，不管不问，不去孝顺；等到死了之后，拿钱撑场子，办白事的时候就显示出你的孝心来了？这不都是片儿汤（虚情假意或者表面功夫）吗？

这些年相对好多了，国家现在也在控制这一块，提倡厚养薄葬。就该是这样啊，不然弄得负担都越来越重，办个白事都得花好几万，平民老百姓一年才能弄几个钱，都把钱花到这些活人眼里的虚面子上去了。[①]

1. 送盘缠仪式流程

在鲁桥村，村民目前仍遵循着鲁南地区传统的丧葬仪礼流程，而“鲁封桥上送盘缠”则是该村丧礼中必不可少的一道程序。在鲁桥村，当村中有老人去世之后，村民一般要倾家庭、家族之力来给逝者举办一场较为“体面”的丧礼。鲁桥村丧葬仪礼主要包括火化、成殓、报丧、起场、擢(hūo)汤(送浆水)、送盘缠、闹棚、行路祭、下葬、圆坟等复杂程序。目前鲁桥村的丧礼一般要举办三日，每一项丧礼程序都传承着与之相对应的礼俗规矩。如前所述，鲁封桥过去在鲁桥村长期发挥着重要的交通和经济功能，后来则在村中又出现了“鲁封桥上送盘缠”的丧葬习俗。在鲁南地区的乡村丧葬仪礼程序中普遍都流传着送盘缠的仪式传统。送盘缠，简言之就是为逝去的亡人准备阴间使用的财资，送其上路。当地村民认为，在人死之后，他的灵魂在升天、转世或入地狱的过程中所费甚多，生者为其烧金银纸箔也就是给逝者送钱花的意思，而专门举行送钱的仪式则被称为“送盘缠”。[②]

村民讲述“送盘缠”历史

① 被访谈人：张文金，男，70岁，鲁桥村村民。访谈时间：2013年4月7日。访谈地点：鲁桥村。访谈人：张兴宇。

② 参见田传江：《红山峪民俗志》，辽宁文化艺术音像出版社1999年版，第320页。

总体看来，鲁桥村丧葬仪礼中的送盘缠仪式颇为讲究。村民举行送盘缠仪式的时间一般定在出殡的前一天傍晚进行，此时取天空“盖盖脸”之意。在送盘缠之前，负责操办丧礼的“大总管”需提前安排人员，同时准备纸马（当地习俗为男丧用马、女丧用牛）和纸轿等白事用品，还需扎做 4 名纸轿夫、1 名马夫、1 名老嬷嬷（伺候轿的主人）、4 名墓童和 1 棵摇钱树，村民俗称“四老四少四盆花”。这些纸扎白事用品，一般由逝者的闺女来添置准备。家族中富有经验的妇女还要制作 7 个面灯，按照大小顺序依次排列。举行送盘缠仪式时，先用铺墓公鸡[①]的鸡冠血给这些纸扎“开光”，讲究一些的村民还会用朱砂辟邪。紧接着为每个纸人起名字，名字多为“来喜、来旺、放牛小”等吉利名称。然后村民用红纸写好名字，按照男左女右的规矩贴在这些纸人的胸口。临行之前，孝子还要用木棍把纸马的屁股捣开，往里面塞进两个馒头，以免这匹纸马在送亡者西去的道路上挨饿。村民认为，这些纸扎马属于阴马，所以馒头不能直接放进嘴里，但又不能让阴马饿肚子，所以采取此法：

> 俺村到鲁封桥上送盘缠这事，麻烦着呢。各种程序你都得想到，光准备这个纸扎就够烦琐的，不过现在都是从白事商店里买，东西都很全活，基本上都可以买到。这里面有不少的规矩。咱们老百姓这么做，就为图个心理安慰吧。这里就是这么个风俗习惯。过去说“西南大路桥上走”，亡人从西南桥上上路，也就走到阴间去了。你得给他准备足够的钱财才行，不然的话，路上就要受委屈。他们受了委屈，后代子孙的日子肯定也不好过，实际上就是这么个道理。[②]

等村民把送盘缠所需的各项物品都准备妥当，接下来就要进行正式的送盘缠仪式。大约在傍晚时分，先由丧礼主事者提前点燃面灯（又称“引魂灯”）和“路香”，然后安排人员将“路香”分别散发给孝子孝孙，每人手持一支。大总管同时还需安排两位执事人员搬运物资，其中一人负责扛着一把椅子，另外一人则负责担着浆水挑子（必须取用孝子家中的水）。唢呐铁炮齐鸣之

---

① 在当地，铺墓公鸡是用来给墓地开光的公鸡，以清除魔障、邪气，从而保持新墓地的“清洁”。

② 被访谈人：张运令，男，58 岁，鲁桥村村民。访谈时间：2012 年 1 月 22 日。访谈地点：鲁桥村。访谈人：张兴宇、朱明。

后，众人一同到鲁封桥上给亡人送盘缠。值得注意的是，按照鲁桥村的民间规矩，村民在去送盘缠的路程中，孝子、孝孙不能哭泣，他们认为如果在去的路上哭泣，容易使亡人迷路。因为鲁桥村大多数家户距离村西鲁封桥的位置并不是太远，大约10分钟的工夫，送盘缠队伍就能抵达鲁封桥东岸。等到了鲁封桥之后，执事人员先将纸马、纸轿、纸人等放在石桥的中间位置，再把点燃的面灯放在纸轿的底下，然后用担来的浆水围着这些物品轻轻地浇一遍水，并在西南方向留一处小门。与此同时，负责掌管白事的大总管则要安排孝子、孝孙在鲁封桥东岸一字排开，准备举行祭拜仪式。根据大总管的指挥，燃香，敬酒茶，焚纸，众人再依次往东、南、西、北四个方向磕头行礼。等到祭拜仪式完毕，大总管还要安排主家的孝子站在带来的椅子上大喊三声"××，上轿！西南大路上轿！××，拿搭子"之类的话语。所谓的"搭子"，是指用村民用黄表纸糊制的钱袋子，寓意送给亡人，让其带着足够的钱财上路。三声喊罢，执事人员再用引魂草将所有的纸马、纸轿、纸人及路香等物品一起点燃烧尽。此时前来参加送盘缠仪式的众孝子孝孙放声齐哭，场景甚是悲怆。在烧完纸马、纸轿之后，遗留下来的面灯通常会被前来观看送盘缠仪式的其他村民抢走。据村民说吃了这种面灯，可以防治孩童尿床：

> 这7个面灯应该是引魂灯，负责在前边照路用，怕亡人迷路。不是有北斗七星的说法吗，所以弄了7个面灯。吃了这个面灯，据说可以治小孩尿床的毛病，反正以前是有这么个说法。①

2.讲究的仪式，讲究的人

在鲁桥村整个丧葬仪礼过程中，村民对送盘缠仪式的行走路线极为看重。他们认为，尤其关键的是送盘缠的来回路线不可重复。以2013年11月鲁桥村一户张姓村民举办的葬礼为例。逝者为张氏家族中的长辈，去世时92岁。按照当地的说法，因为逝者高寿，这一场葬礼属于喜丧。而主家在举办丧礼时则非常讲究排场，当时仅聘请外姓执事公共人员就达43人之多。在丧礼期间，仅招待张氏家族内部的亲邻朋友，主家就开办了99桌流水席。据村民讲述，这位逝者是张氏家族"老四支"中最后一位去世的长者。为了彰显门面，丧礼期间除了主家聘请的一支唢呐班子之外，其他三支家族的后

① 被访谈人：张运令，男，58岁，鲁桥村村民。访谈时间：2012年1月22日。访谈地点：鲁桥村。访谈人：张兴宇、朱明。

人也各自出钱额外聘请了一支唢呐班子，以表示对逝者的孝心与尊敬。整场葬礼花销不菲，最后主家实际开支达 7 万元之巨。在出殡前一日，掌事的大总管首先与主家商议好送盘缠的路线，并打算于当日下午 4:30 从主家出发去鲁封桥送盘缠。但巧合的是，在此期间，鲁桥村同时有一户赵姓人家也遇到丧事，他们也要在当天为逝者举行送盘缠仪式。这两家村民一户在村南，另一户则在村北。由于二者送盘缠的时间大致相同，所以这两支送盘缠队伍很可能在鲁封桥上碰面，这在乡土社会中被认为是非常不吉利的事情。而在当天上午村民去土地庙举行报庙仪式时，张氏家族明显比赵氏家族占了先机，提前举行了报庙仪式。按照村民的说法："报庙应该是早去早好，这样就占了时辰，对家里的后代好。"因此，两支丧礼队伍在当天下午准备去鲁封桥送盘缠前，都做了充分的预案。其中赵氏家族的主家为了避免因丧礼队伍碰面而产生不利影响，将送盘缠仪式比既定时间提前了一个小时。他们定在下午 3 点钟到鲁封桥上举行送盘缠仪式。而张氏家族的主家在处理送盘缠仪式的路线问题上同样十分谨慎，丧礼队伍的行走路线基本按照方形路线确定，尽量避免走回头路。总之，鲁桥村村民对于丧葬仪礼中的"鲁封桥上送盘缠"仪式，可谓是慎之又慎。他们尤其注重仪式的细节和流程，唯恐怠慢逝者，给后代造成不利的影响。

至于村民在鲁封桥上举行送盘缠仪式的最初起源时间，鲁桥村村民认为，这种民间习俗在村落中已经传延很久，有近百年的历史。在鲁桥村红白理事会负责人看来，村民选择到鲁封桥举行送盘缠仪式，主要取"人过仙人桥""王母娘娘西赴瑶池""大路要靠西南走"等几个方面的意思。而从地理方位上来看，鲁封桥地处村西偏南方向，在村民眼中又是古石桥，占足了天时地利的优势，所以这一习俗才得以传承下来。就鲁封桥上送盘缠仪式本身而言，烧纸牛、纸马及抢面灯等习俗具有丰富的文化内涵，而鲁封桥所传递的仪式空间信息更多是给予现世中的人们以祈愿与祝福。更进一步讲，石桥不仅能摆渡逝去的亡人，通过送盘缠仪式的举行，它更能摆渡村落民众的人心。而且，鲁桥村送盘缠仪式在传承风格上以严肃庄重为主，体现出明显的程序化意味。鲁封桥作为一座被仪式化的石桥，它也是理解村落仪式空间的重要载体。当然，鲁桥村村民对于鲁封桥上送盘缠仪式的注重和讲究，只是鲁南一带繁复丧俗的部分呈现。这种特别讲究的仪式程序背后，其

实还内含着村民试图在村落公共生活中建立一种“讲究的人”的关系角色。这座石桥的存在，也促使村落仪式和民众生活实现了有序的传承与互构。

三、规矩变了

最近几年，鲁桥村丧葬仪礼中村民送盘缠的仪式地点悄然发生了变化。鲁桥村村南的一部分村民开始不再选择从鲁封桥上送盘缠，而是从距离他们更近的奚仲桥上举行送盘缠仪式。这一变化对村民关于村落礼俗传统的认知观念产生了一定的冲击和撼动。鲁桥村传统丧葬礼仪的一个重要特征就在于它的集体传承性，村民基于相似的生活经验创造出约定俗成的行为规范，并在村落礼俗生活中予以遵循。乡土村落举行的各种传统仪式，充满着强烈的情绪感与鲜明的集体性。鲁桥村送盘缠仪式所发生的位置变化，也证明村民对村落礼俗传统的认知态度其实是一个不断自我调适的过程，并表现出一定的村落自洽性。在村落日常生活方式的发展过程中，鲁桥村村民对待这一类丧礼的仪式变迁态度也不尽相同。

1. 传统之俗的接续问题

在鲁南地区，俗谚有云：“活养死葬。”丧葬仪式虽被视为凶礼，但毕竟是人生之中最后的一件大事，乡民通常十分重视。而丧葬仪礼中的各种烦琐的程序和讲究规矩，也体现了鲁南地区崇尚厚葬的典型特征。鲁桥村丧葬仪式中在鲁封桥上送盘缠这一礼俗传续百余年未曾发生变更，却在2008年发生了细微变动。根据鲁桥村村民描述，此事最早是由鲁桥村村南赵氏家族的一户人家作出的变更。在当年春夏之际，由地方政府出资，在鲁桥村村南新建了一座勾连东西交通的奚仲大桥，这极大地方便了周边村落民众的日常出行需要。奚仲大桥全长100余米，宽约10米，东西横跨古薛河两岸。它采用仿古建筑结构，桥面宽阔平整，与鲁桥村村西的后湾村紧密相连。时逢年底，鲁桥村这户赵姓人家在处理家族中的丧葬仪式时，为节省仪式时间，遂决定在奚仲桥上举行送盘缠仪式，而不再选择去原来的鲁封桥上送盘缠。这户村民当时给出的解释是，赵氏家族所居之地距离鲁封桥相对较远，来往之间即有数里之遥，去鲁封桥上送盘缠时全靠步行往返，费时费力。因为政府新建的奚仲大桥恰好也位于鲁桥村的西南方向，它既符合鲁桥村传

统的“西南大路桥上走”这一民间礼俗，距离丧主家的位置也相对近便，村民在此举行送盘缠仪式能省去不少气力。通盘考虑之后，赵氏家族成员最终作出了在奚仲桥上送盘缠的慎重决定。对此有村民说：

> 白事这一套套的程序太烦琐了，少一个都不行。为什么当时赵家在南边奚仲桥上送盘缠？这个事主要还是精力问题。他们赵家住的那一块，距离老桥的位置算是最远的，来来回回一趟怎么着也得有好几里路。这么大的送盘缠队伍，想想都觉着累啊！巧的是南边新修了一座奚仲大桥，所以他们就商议着挪到那边去，这样能节省不少时间，还能少走不少路。相对于去鲁封桥上送，那可是轻快多了。现在的人都是想着能简单点就简单点，但该有的程序还得有，白事不好办。像过去的时候，办白事都是一个庄子的事情，大家都来帮忙，那时候人少，力量弱。[①]

奚仲桥

2013年2月，在鲁桥村另外一户张氏家族成员的葬礼中，这家人同样选

① 被访谈人：张运令，男，58岁，鲁桥村村民。访谈时间：2012年1月22日。访谈地点：鲁桥村。访谈人：张兴宇、朱明。

择了在奚仲桥上举行送盘缠仪式。虽然仪式内容与鲁封桥上的相关仪式大同小异，但地点和路线的改变无疑给村落传统习俗的传承造成了不小的影响。部分鲁桥村村民在私下里也免不了议论纷纷："有老桥（鲁封桥）不去送盘缠，非要到新建的桥上送，不想得好了是吧？"即便如此，鲁桥村也有相当一部分村民对于这种仪式地点的变化表示能够理解："风俗习惯不就是为人服务的嘛，还是怎么方便怎么来就行了。"实际上，鲁桥村村民对于送盘缠习俗变化而产生的两种截然不同的认知态度，能够更加明显地反映出村民在现代社会多元力量的冲击之下对待村落传统生活习俗最质朴的一种观念表达。对鲁桥村村民而言，他们既关心生活现实的各种利益诉求，当然也会思虑这种细微变化是否会给后世子孙造成不利的影响。在一部分鲁桥村村民看来，延续旧有的村落习俗传统，不仅是对村落传统文化的合理保护和有效传承，更是维持村落秩序正常运转、保证村落平稳持续发展的必要方式。

奚仲故里牌坊

2. 村落地理格局的变迁问题

仔细分析鲁桥村送盘缠仪式的路线走向可以发现，百余年来鲁桥村村民选择在鲁封桥上举行送盘缠仪式，实际上主要是依据和遵循鲁南地区丧葬仪礼中"往西南方向送盘缠"的传统说法。而在过去，鲁桥村的村落布局大致位于鲁封桥所在东西大道的北面，在这条东西大道的沟南几乎都是果行，很少有村民在此居住。据村民回忆，此时鲁封桥恰恰处于村落的西南，而村中的土地庙地处东北方向。所以在丧葬仪礼中，村民选择到东北方向

的土地庙报庙、西南方向的鲁封桥送盘缠也就成为应然之举。但到了20世纪70～80年代以后，随着鲁桥村村落人口的逐渐增加，村中一部分果行被砍伐殆尽并被用作村民的宅基地，村民的居住范围和空间也随之得以拓展。对于鲁桥村整个村落格局的变动过程，鲁桥村村民郭传怀有着更为详细的描述。

> 那时候村南没有住家，都在沟北住。东头到李家店，西头到张家店，南边是沟北，北边到文家前边，文家后边也没人，只有张家人那一家。那时候有赵南庄和高庄，他们只有三户人家，姓高的有两户，关家也是一大家。后来呢，谁来到这里就安家买房子，就像下围棋似的，慢慢的不就扩展了吗？再后来，集体的宅基地分配了。以前的时候，都在沟北，南边一家都没有，后来一家一家的都填满了。过去的时候，村民不会去外边盖房子，都是在村庄内部盖，怕有小偷，怕人抢，就你连我、我连你。①

通过郭传怀这段细致的话语陈述，可以归纳出以下三条信息：第一，鲁桥村最初的村落形态规模较小，属典型的沿河而居型村落。第二，鲁桥村是由多个小型自然村组合而成的，其前身则是芦桥、赵南庄、高庄等自然村的集合体。第三，鲁桥村围棋式的村居布局与所处时代特殊的自然、社会境况紧密关联。前文已经提及，鲁桥村过去林果业较为发达，因为鲁封桥的修建，带动了东西交通及工商业的发展。旧时以大型牛马车为主的货运工具在鲁桥村常来常往，加之黑龙潭等流水不断侵袭，使得鲁桥村村内深沟纵横的情况十分普遍。20世纪70年代以后，经过平整土地，这种情况才得到部分改善。此外，居于村南的赵南庄虽然最早只有3户人家，但他们也是最早迁入鲁桥村定居的住户，后来才被划为鲁桥村的一部分。所以赵氏家族对于送盘缠仪式地点的变动问题，顺理成章地形成了一套符合自我逻辑的解释方式。

相对于鲁桥村村北的住户而言，鲁封桥实际上位于村南住户所处地域的西北方向。在鲁桥村传统丧葬礼俗中，村民讲究在村落的东北方向报庙，往西南方向送盘缠。这种礼俗规矩，对于在村南居住的大部分家户而言其

---

① 被访谈人：郭传怀，男，75岁，鲁桥村村民。访谈时间：2012年10月27日。访谈地点：鲁桥村。访谈人：张兴宇、孔军。

实是无法实现的。因为他们所居住的地理位置已经限定了其在送盘缠地点问题上所能作出的选择。巧合的是，在2008年，位于鲁封桥南部的奚仲大桥的修建成为了一个无形的导火索。对于整个鲁桥村村落而言，新建的奚仲大桥正好处于整个村落的西南位置。此时无论村民居住在鲁桥村的何处，它都属于规规矩矩的西南方。而最初选择在奚仲大桥上送盘缠的赵氏家族成员，恰恰是距离奚仲大桥最近的住户。如果将鲁桥村传统的鲁封桥送盘缠仪式视为一种过往的村落生活方式，纵观其百余年发展历史，这种习俗变化是显而易见的。从一定意义上讲，此类村落公共仪式的礼俗变迁过程正是基于村民们不断地“发明”和“磋商”而实现的，他们的日常礼俗生活也得以不断充实。如此看来，当下鲁桥村村民对于鲁封桥和奚仲桥的送盘缠仪式地点的选择，其实都具有一定的合理性。而村民们面对这种村落传统变迁的态度，凸显出他们对传统村落习俗的多元认知和可塑性特征。

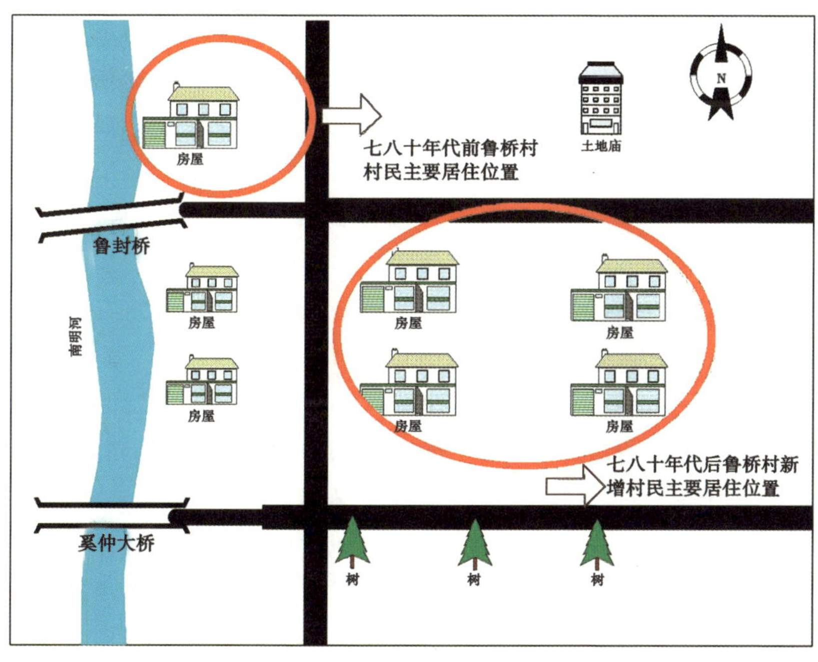

村落变迁图

第六章 昔日石桥归何处

相比较而言，张氏家族略晚于赵氏和郭氏一族迁入鲁桥村定居。但在数百年村落变迁进程中，他们却一跃成为村落中规模最大的家族群体。在20世纪二三十年代期间，鲁桥村张氏族人曾联合其他家族力量，四处筹措财资，历尽艰险，重新修缮了村西坍塌破旧的鲁封桥。及至后来，张氏后人在续修《张氏族谱》时，又将家族祖先倡修石桥的义行善举记录在册，并倍加赞誉。实际上，鲁封桥自修建之日起，便从未完全脱离过鲁桥村村民的日常生活领域。但与以往热闹辉煌的桥岸街景相比，如今鲁桥村这座石桥的光景则明显暗淡了许多。

在鲁封桥南侧和北侧相隔不远的地方，近些年分别建起了两座宽阔结实的钢筋混凝土大桥，这更加速了鲁封桥原属地理区位优势的“失落”。平常除了一小部分鲁桥村村民仍习惯于去石桥岸边浣洗衣物之外，外人现在已很少再走此桥。前两年鲁桥村在筹资建设村中水泥街道时，曾有村民提议于鲁封桥桥面之上铺设一层水泥地面，以方便村民出行，但这项提议最终被否决。据村民说，最近当地政府推动实施“乡村振兴”战略，专门为鲁桥村制定了“美丽乡村”旅游建设规划。鲁封桥被当作展示村落历史文化的标志性旅游景观，又要开始发挥余热。

一、家族荣光

前文已经较为详细地叙述了鲁封桥与鲁桥村村落生活之间的紧密复合关系。不难看出，在一个较长的村落历史发展时段，各类村落民俗现象的诱发、生成乃至异化过程，恰好反映出乡土社会生活文化的整体性特征。可以说，着眼于当下的具体村落生活形态，村落民俗文化的传承与其所处的自然环境、村落人群、社会状况等因素有着密切联系。透过村落民俗传承的主体视角来看，在村民日常生活之中，鲁封桥不仅仅只扮演着一种联结交通、经济、信仰、仪式等方面关系的纽带角色，它还在村落家族成员的群体认同等领域发挥着重要的能动作用。

具体说来，对鲁桥村村民而言，无论“鲁王封桥”的历史真实性如何，实际上他们在日常生活之中都已经将这段无可查证的历史事件视为村落“史实”的一部分。鲁桥村长期以来只是一个十分普通的乡间村落，与之相关的历史文献记载并不多。通过查阅、梳理与鲁桥村相关的地方史志文献资料可以发现，鲁封桥和鲁王产生的历史纠葛一说，目前可知的最早文献材料来源于清朝光绪年间《峄县志》的相关记载。在光绪《峄县志》卷五《山川考下》中曾有记录：“蟠龙河，世所谓‘曲曲十八湾’也。又西南流入滕，会鲁封桥水为南明河。”文中首次提及了“鲁封桥”一词，但鲁封桥之“鲁封”所谓何意，县志中并没有给予进一步解释。对此问题，当地文化学者后湾村村民刘宗英老人曾提出了自己的观点。他认为，所谓“鲁封桥”的“鲁封”系当时兖州府鲁王所封。因为鲁王当年曾前往千山头封山断案，而后修建了这座石桥，所以将其命名为“鲁封桥”。他说：

> 这条河叫“薛河南支”，也叫“十字河”。许由泉出来的水，经过后院山，叫“许由河”，往东过蟠龙山叫“潘龙河”，到田湾、黄殿再到绳桥叫“大明河”。这水从绳桥往东，到老运河，注入微山湖。因为河流形成了“十”字，所以叫“十字河”，实际上都是一条河，明朝开挖的。
>
> 张乐惠说鲁封桥是他老爷（爷爷）建的，我不承认。这是个误会，别说你有两顷地，就是有十顷地，也建不了这个桥，咱得尊重历史啊！传说这个桥和刘玄阳有关。以前，刘玄阳跟田湾的一个卖药的秀才有矛

盾，原因是刘玄阳使用草药给村民治病，从不收钱。后来刘玄阳去世了，有人去神仙林求仙丹治病，一治就好，当然这是精神疗法了。再后来，当地有人聚众闹事，请兖州府鲁王出面解决。鲁王是朱洪武的第十子，叫"荒王"。据说他最后是炼丹中毒去世的，荒王岭就是邹城西北的那个荒王墓。那时，鲁王带来了兵马，要扒刘玄阳的坟子。没想到的是，扒开后看到刘玄阳正在棺材中打坐，这老道长髯飘飘。鲁王心说刘玄阳这不成了活神仙么？于是人们都说千山头就成灵山了。后来，鲁王号召人修桥，所以叫它"鲁封桥"。鲁桥那块碑也已经残缺不全了。千山头头几年还有这通"鲁府封"石碑，在鲁桥张家的猪圈里还有一通，避不住（有可能）是张家重修的，但一般的人家修不起这个桥。①

远眺鲁封桥

依照村民刘宗英的表述，鲁封桥最初的修建原因牵扯到明朝时鲁王赴千山头寻道断案。细思之，从地理区位的角度分析，鲁封桥相距千山头正西方大约有 1 公里的距离，而其所在的东西大道古时为连通滕县、峄县的官方

① 被访谈人：刘宗英，男，82 岁，后湾村村民。访谈时间：2012 年 4 月 26 日。访谈地点：后湾村。访谈人：张兴宇、孔军。

要道。按照村民的说法，千山头过去曾是名冠鲁南、苏北一带的道教圣地，鲁王前往此地封山、封桥倒也不无可能。地方文献中只言片语的记载与当地现存的“鲁府封”石碑等材料，恰恰能够印证刘宗英的这一说法。这也就不难理解，他为何对鲁桥村张氏家族先祖修建鲁封桥一说始终持有怀疑的态度。但在进一步调查中，作为占据鲁桥村总人口比例约 80%的张氏家族，的确在其 1998 年修订的《张氏族谱》一书中[①]记录了张氏家族倡修鲁封桥之事：

创修族谱序

族人乐臣公、乐惠公及运令公等，据谱碑及世系碑考证，鲁桥村张氏家族始居薛城区南常乡南山村，后迁至薛城东曲柏村。自明朝末年，又移居薛城北夏庄乡孔庄村。又于清朝乾隆年间，移居千山脚下鲁桥村。之前的前世族人，因年代已久无法考证。修此谱，只能从一九五五年竖于孔庄西半里的祖谱碑及明、清、民国时期的世系碑进行考证。始祖子琛，居于孔庄，有三四代。又移居鲁桥村。约从六世，方能辨清各支派。从六世甸安公、玉公，分别为长支长房及长支二房。勤俭典三公为六世二支，因无碑记已失传。伯浒公为六世三支，据碑记考证：自第三世彦宪、彦超、彦美公居住本村，已十又五世，繁衍数千人。于民国八年，即一九二零年，浒礼裔移居藤县南柴胡店镇小石楼村居住，人丁兴旺，安居乐业。于一九三六年由乐锦公率其弟子迁居夏庄乡后井亭村居住，现有四代人。张氏家族族风正，不谋政，乐于耕读，乐于为民，喜相庆，忧相慰。冠婚必告，死丧必赴，族风之厚也。亦多姿卓著者，举不胜举。如村西薛河，旧有鲁封桥坍塌殆尽。族人超祥公每出木架浮桥，以方便行人。但夏秋雨多水大，因涉致命者。公恻然忧之，遂破产宴客，倡修石桥。筹划经营，废寝忘食，历两寒暑，始告竣工。当是时，不维渡桥者口碑载道，老幼妇孺皆以善人称之。

公元一九九八年三月

十一世孙　乐惠　谨识

透过《张氏族谱·创修族谱序》一文所传达的信息，不仅可以看出

---

① 《张氏族谱》，1998 年编撰，由鲁桥村张氏家族中的文化人士张乐臣、张乐惠及张运令等执笔编辑。

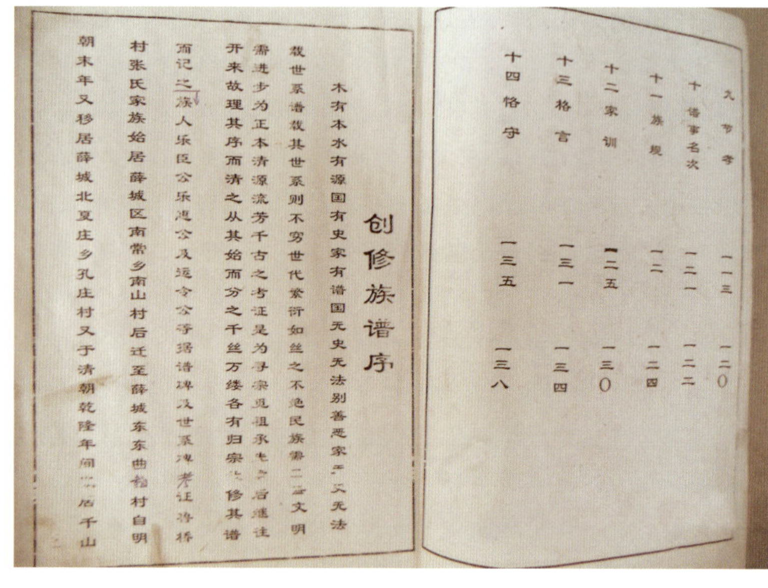

九 节孝 一一三 一二〇
十 谱事名次 一二一 一二二
十一 族规 一二 一二四
十二 家训 一二五 一三〇
十三 格言 一三一 一三四
十四 恪守 一三五 一三八

创修族谱序

木有本水有源国有史家有谱国无史无法别善恶家无谱无法载世系谱载其世系则不穷世代繁衍如丝之不绝民族需之文明需进步为正本清源流芳千古之考证是为子孙追祖承先启后继往开来故理其序而清之从其始而分之千丝万缕各有归宗[illegible]修其谱而记之族人乐臣公乐[illegible]公及运令公等据谱碑及世系碑考证鲁桥村张氏家族始居薛城区南常乡南山村后迁至薛城东东曲柏村自明朝末年又移居薛城北夏庄乡孔庄村又于清朝乾隆年间[illegible]居千山

《张氏族谱》书影

鲁桥村张氏家族“乐于耕读，乐于为民”，“冠婚必告，死丧必赴”的淳厚族风，也能大致了解张氏家族先祖倡修鲁封桥的具体原由和境况。文中提到，鲁桥村张氏家族第九世族人超祥公，在生前曾倡修村西的鲁封桥。而《张氏族谱》也专门收录了一篇《麟齐公传》，记述他当年倡修石桥时的具体情形：

麟齐公传

公讳超祥，字麟齐，生于一八六五年，逝于一九三七年。公德纯朴，读书颖慧。因停科举，弃儒学，务农辛勤，自励拓田百余亩。当云无饥寒忧斯可矣，广宅园莫若多义举。乡里有斗者，必使息讼解纷。贫之不能婚葬者，无不备困送需而周济之。村西旧有鲁封桥坍塌殆尽。公每出木架浮桥以济人，然不过冬春计也。若逢夏秋雨多水大，恒有因涉致命者。公恻然忧之，乃破产宴客，倡修石桥。筹划经营，几不暇时，历两寒暑，工始告竣。当是时也，不维渡桥者，口碑载道。而老劝妇孺，咸之以善人称之。呜呼，此故不足为公荣耀，皆盛德感人之所至也。是为记。

姻 愚侄孙孙茂锦敬撰

一九六二年桃月

一九九八年转摘自一九六二年碑文

这篇简短的超祥公传记，摘自1962年由其侄孙孙茂锦为其撰写的碑文。鲁桥村张氏族人在1998年重修族谱时，修谱人员将这篇碑记收录于《张氏族谱》。文中描述，传主超祥公生活的年代处于清末民初阶段，他出生于晚清同治四年(1865年)，去世于1937年，时年72岁。因村西薛河上的鲁封桥坍塌殆尽，夏秋雨水多，给村民出行带来困难。他首先是自己出钱修浮桥，后来则又破其家产发动民众捐钱修建石桥，历时两年才得以修成。实际上，在明清时期，地方社会的修桥铺路之举，很多是由民间自发筹集资金。官方一般对此不加干涉，这亦符合当时的背景。据村民讲述，超祥公在鲁桥村有着很高的社会威望，在村中扮演着村落精英的角色，被后辈尊称为“张善人”。村民认为，这不仅是因为其田产丰广，更重要的是其处事往往以德行为先，深受村民尊敬。在村落日常生活中，他常常不计个人损失，能够扶贫济困，帮助村民解决各类难题，这似乎与鲁桥村张氏家族“不谋政”的传统家风不谋而合。因此可以推断，鲁桥村现存的这座石桥系该村张氏族人续修而成，此次修建与当时的村落精英张善人有着紧密的关系。鲁封桥的续建成为串联和彰显鲁桥村张氏家族力量的重要见证。

娓娓道来

二、建桥轶事

在更为深入的访谈调查中，鲁桥村张氏家族后人张乐惠曾提到，当年倡修石桥的主人公张超祥就是他的爷爷。据他讲述，传说在明朝时鲁王路过此地修建了一座石桥，并命名为“鲁封桥”。但是每到夏季，古薛河的水势很大，石桥特别容易被水流冲毁。后来，鲁桥村村内曾有人用船筏摆渡过河的顾客，并收取一定的过路费。鲁桥村张氏家族九世祖超祥公，他的家中原为地主背景，在当地小有名气，曾在滕县（今滕州）开设祥和布庄。但是他的大儿子并不争气，沾染上了吃喝嫖赌的恶习，败坏家产和族风。超祥公恨铁不成钢，但一时却也无可奈何，眼看着家产渐渐地被消耗殆尽。时逢鲁封桥在夏季因水势过大被冲毁坍塌，给村民日常生活出行造成极大不便。后来超祥公决定从剩下的祖产中划出 80 亩地牵头倡修鲁封桥，仅留下 20 亩地作为家用，谋划通过建桥来造福周边百姓。村民说：

> 关于张家老祖修桥的这个说法，我小时候就听说过，说家里的儿子不怎么争气，败坏了门风。那怎么办呢，这家产都败光了，还不如拿去给乡里乡邻做点好事呢，所以后来就修了这座桥。你想修桥哪有那么容易啊，没有那么多的钱去修这个桥，就得四处去化缘。再一个说法就是，当时鲁桥的老祖想修桥，南石的薛家地主看不起他，说：“你想修桥，你能修成吗？”后来也是为了争口气，鲁桥的老祖费尽万难才修好这座桥。①

据说当时聘请的修桥工匠是来自附近辛庄村的有名的石匠魏中廷。最初他们打算邀请鲁桥村北卜掌村的石匠来修补石桥，但是他们不愿意参与此事，予以拒绝。后来历经两年时间，村民才把石桥修好，于是鲁桥村村中百姓约定不允许卜掌村人经走此桥。卜掌村石匠深感行路之难，于是就自带建筑石料，免费修补了鲁封桥西段尚未完工的部分。再后来时值 1937 年抗日战争全面爆发，超祥公之前设想的在鲁封桥东西两岸续立碑刻之事没能成行，鲁封桥于是成了现今的建筑模样。而村民张乐惠曾保存有当年修

---

① 被访谈人：张乐惠，男，73 岁，鲁桥村村民。访谈时间：2012 年 10 月 27 日。访谈地点：鲁桥村。访谈人：孔军。

建石桥时的相关捐款账簿，后在“文化大革命”期间遭到损坏。根据鲁桥村村民郭鹏喜的口述资料，同样可以印证张氏族人补修石桥的详情：

> 后来有人说是张家的老爷爷，也就是张××的父亲牵头修的，实际上当时是他找的俺母亲，请辛庄的魏中廷来修的。虽然修得不平，但是很坚固。本来打算在河西立一通碑，这个我记着呢，但修桥的具体事情我记不清楚了。当时张××的父亲有百十亩地，经常受西石沟薛家掩饰（讽刺），咱就不说这些了啊。那时候咱们这个庄穷，只有柴胡店张家的地和西石沟薛家庄的地好。俺们鲁桥的地穷，这些地是张家和薛家分别划给鲁桥张家的，人家会到这里来收庄稼。安上西边不是有家庙吗？由张××的父亲管理，那时候他有这个公心，但没有这个实力，人少势薄啊。后来张××的父亲就找薛先生说：“桥都冲得只能趟河了，修修吧。”薛家说：“你能修这个桥啊？”我也是听老辈人说的，当时怎么修呢？靠人啊，世上无难事。谋划商量好后，大家啃煎饼、吃咸菜，尽量不花钱，几年下来攒了不少钱。修桥时请的姓魏的，听俺奶奶说，那时候借用了俺家的水缸，后来也没还，那个水缸是俺家从老北宫弄来的。修桥的时候，鲁桥的人负责泼水，都是人工泼水。只管饭，不给钱，好几天才能修一两米远。那时候桥上有从车服寺弄来的小石人，后来让人给偷走了。这些小石人都没大见过了，那是古迹啊！①

简而言之，鲁桥村张氏族人超祥公作为续修鲁封桥的发起者，无疑发挥了重要的牵头作用。不论是村民郭氏后人所提及的“受辱修桥”缘由，还是张氏后人所转述的“正家风”的修桥事因，不可否认的是超祥公在倡修石桥一事上的确耗费了相当大的工夫和精力。在村民们看来，他穷尽数年之功而告成的续修鲁封桥事迹，被光荣地记入《张氏族谱》也是理所当然。值得注意的是，以超祥公为代表的村落精英，通过这种带有明显偶然性特征的续修石桥行为，实际上无形之中还对整个村落后来的日常生活方式造成了深刻的影响，并渐次波及鲁桥村《张氏族谱》的修订问题。

① 被访谈人：郭鹏喜，男，85岁，鲁桥村村民。访谈时间：2012年1月28日。访谈地点：鲁桥村。访谈人：张兴宇、褚强。

三、家谱修订

众所周知，中国大陆出现编修新家谱的热潮，主要是在1978年第十一届三中全会以后。庆幸的是，“文化大革命”期间，鲁桥村张氏后人保存的续修石桥账本被毁一事，并没有妨碍后期张氏家族内部的族谱修订问题。凭借张氏家族年长者口传的叙述资料及鲁桥村遗存的相关碑刻遗迹资料，鲁桥村张氏族人于1998年共同商议修订了《张氏族谱》。当时修谱主要参阅了张氏家族安置于鲁桥村村东部祖坟的两通碑刻，其中一通为乾隆四十四年(1779年)所立，另一通为1955年所立。碑文内容显示，张氏始祖子琛生于明末清初，这通乾隆年间的碑刻墓主一直都有张氏后人虔诚祭祀。及至现在，200多年的光阴已经逝去，鲁桥村张氏族人每逢红白喜事、过年过节时，仍要到此处祭拜，还亲切地称其为“老祖”。通过另外一通石碑也能够看出，1955年的社会政治环境并没有影响到张氏家族建设族内成员关系的热情。张氏家族的立碑、修谱活动，对增强家族凝聚力无疑具有重要的促进作用。村民张乐惠说：

> 一个家族这么大，想管理好不容易啊。平时一般都是各过各的日子。总之，你不能忘了老祖。张家老祖的那两通碑，年节什么的，都得去上坟祭拜祭拜。忘了祖宗，你这个人干得再管(厉害)，也白搭。俺这里有穷的有富的，家族里谁家有事了，都互相帮衬一下。谁家有个红白喜事的，都是互相帮忙，这样也显着你家族的团结力强一些。[①]

目前，鲁桥村张氏族人已经传延至十六世，在此次族谱修订过程中，村民重新延续了家族辈分，直至四十八世。从第九世起，家族辈次分别为：“超世乐文运，芳明山海扬。自来为善美，田厚永荣昌。忠正虔诚锦，德高道义祥。兴邦献良□，洪福万代长。”村民先从第九世“超”字辈往后续了二十辈，又从二十九世“忠”字辈起，往后续了二十辈。如果按照每一代人相隔约20岁的时间差计算，实际上鲁桥村张氏家族的辈分已经续延长达800年之久。在整个家谱修订的过程中，由于鲁桥村张氏家族内每个家庭的贫富程度不

---

① 被访谈人：张乐惠，男，73岁，鲁桥村村民。访谈时间：2012年10月27日。访谈地点：鲁桥村。访谈人：张兴宇、孔军。

同，所以修谱捐资数额各不相等。修订家谱属于“合族公事”，所以对于族内成员的捐资多寡并没有作硬性要求，也即家谱中所提到的“多寡有无，概不必较”。对于重新修订后的家谱资料保存问题，鲁桥村张氏家族也定下了一定的传承规矩，如“族谱乃传家之宝，后人当珍藏如命。不准借人外传，谨防遗失，如其不然，当以不孝论之”。由此可见，这一类同立祖碑、连宗续谱的家族公共活动对鲁桥村张氏后人追溯共同祖先、维系家族之间的稳定关系十分重要。

张氏祖碑

无独有偶。在1998年鲁桥村《张氏族谱》修订期间，家族内部的族谱参编人员皆对张氏家族超祥公倡修石桥一事大加赞赏。不仅浓墨重书为其写传，而且将其视为优良的族风加以宣扬，以期教育后世子孙学习传扬。

综上所述，鲁桥村鲁封桥的续修事件以及张氏族人超祥公个人的日常处事风范，成了续修《张氏族谱》的重要素材来源，鲁封桥也被张氏家族视为增强家族凝集力及村落群体认同感的外化符号。这对塑造鲁桥村独特的村落文化传统具有一定的促进作用。此外，鲁桥村张氏家族先祖过去的善举义行，还催生了家族内部成员对日常生活中各类非正常事件的特殊逻辑解释方式。如张刘氏说：

比如俺家吧，二儿子原来有点毛病，后来好了。就是老辈的行好的缘故啊，家里团结。河西的那个石头桥，那都是俺家的老老爷修的。当时他去各个地主那里化缘筹钱，可钱还是不够，怎么办呢？他就又卖了自己的牲口，贴钱修桥，还弄了栏杆。现在栏杆都掉了，但石头还是溜滑溜滑的。①

新立张氏始祖碑

由此可知，现今生活在鲁桥村村落之中的张氏后人，面对日常生活中的非正常事件，试图在寻找一种较为合理的行为解释。他们将当世族人平安富足的稳定生活，与祖先的积德行善之举紧密关联起来。这种善行义举，同时也感化着张氏家族的后人，激励其在今后的村落生活中继续秉承这一类优良家风。例如，20 世纪 70 年代鲁桥村平整土地，张氏家族成员出工出力，与其他家族成员一起在村中又修建了两座小型石桥。当时因为缺少石材，村民把从各家各户搜集而来的墓碑、墓石作为建桥石材。他们用墓石做桥墩基石，用长条墓碑铺建桥面。据村民回忆，鲁桥村张氏家族至今仍有一通

① 被访谈人：张刘氏，女，65 岁，后湾村村民。访谈时间：2012 年 10 月 27 日。访谈地点：鲁桥村。访谈人：周明霞、刘若轩。

族系谱碑遗留于村中一座石桥的路基之下。

鲁桥村村民围绕着石桥修建而产生的诸多论题，更显示出乡土社会中的民众对家族关系、邻里关系及村落关系的格外重视。无形的村落社会空间在此基础上得以建构、凝结，并以良性的状态存续发展，进而推动村落生活传统的变迁。鲁桥村张氏家族后人在村落日常生活中常常乐于提及曾在本村生活过的家族名人，这显示出张氏家族内部比较深厚的家族渊源。如张运令讲：

俺们鲁桥张家门里（家族），张文典是县级干部，张文海是吉林省交通厅的，二老爷曾是安徽蚌埠友谊商城的总经理，还留有一个当年打仗留下来的棉袄。现在的村书记张文民是当年推荐上的大学，在俺们当地的南极洲啤酒厂任过厂长。还有一个张家姑奶奶曾是区林业局的副局长。总体上来说，俺们张家以前还是出过一些当官的，但是不多。[①]

同样，在张氏家族续修的族谱中详细记载了家族中历年以来的名人志士。总体来说，过去鲁桥村张氏族人外出参军者居多，而后转业，或从政，或经商，这实际上与过去鲁桥村兴盛的革命传统有关。据村民回忆，在20世纪40年代期间，当地社会时局动荡，战乱不止，鲁桥村村民生活于水深火热之中。当时曾有一支共产党革命队伍在鲁桥村短期驻扎，秘密发展乡村革命力量，支援抗日战争。一批鲁桥村青年村民深受鼓舞，争先恐后，踊跃参军，投身革命。而在《张氏族谱》中记载的几位张氏名人，皆是在此大背景下入伍从军的：

族人士尧公，为救乐爱公，舍生忘死，挺身而出。族人乐爱公，于一九四六年参加革命，征战疆场，转业后在湖北省宜昌市长阳县任武装部长。族人乐真、乐年、文海、文典、文德诸公同于一九四六年参加革命工作，先后转业。乐真公转业后于蚌埠市百货公司工作。文海公在吉林省农安县任交通局局长，生有三子，仍在当地工作。文典公转业后于河南民权县任县委书记，生有二子在当地工作。文德公转业后在四川省汇邮县工作。乐年公于一九五零年参加抗美援朝，转业后在辽宁省沈阳市皇姑区参加工作。以上所举足见张氏家族人才辈出，长江后浪推

① 被访谈人：张运令，男，58岁，鲁桥村村民。访谈时间：2012年1月22日。访谈地点：鲁桥村。访谈人：张兴宇、朱明。

前浪，前人事业后人当。愿我族世世代代繁荣昌盛，涌现出更多的乐于奉献的敢为人先的贤者、博今通古与吾族共荣辱的智者，谨治其谱，敦促同族铭记族训，发扬光大先辈遗德，精诚团结，勇往直前，共谋族氏大业，争为张氏楷模，造福后世，流芳千古。

通过鲁桥村张氏家族的家谱修订一事也可以看出，在现实生活中村落疏离感渐次增强的社会语境之下，村民希望借助续修族谱等公共行为增强家族内部成员之间的凝聚力。而这种凝聚力可以借助家族历史的绵延连续、村落名人的信息共享等多个方面来塑造。对于不同时段村落中发生的各种历史事件，或者是习俗变迁，村民们往往通过口头叙事的差异性来呈献给外部世界。就鲁桥村张氏家族而言，他们将超祥公的补修鲁封桥事迹予以褒扬，这既彰显着家族荣耀，也是在激励张氏家族后人应以此为榜样，效仿行之，为家族增光添彩。例如，2016 年，鲁桥村村委会组织重修村庄道路，张氏家族成员积极踊跃捐资帮工，贡献人力，所做事迹被载入村碑之中。如：

功德碑铭

吾村鲁桥，坐落于千山之脚，薛河之旁，四百余载矣！此处物华天宝，人杰地灵，民风淳朴，是曾经的桃李之乡。惟村街凌乱，村路坎坷，雨雪落地，泥泞难行，苦不堪言。乡亲期盼好路，如饥者思餐；父老企求坦途，如渴者思饮。其心切切，其梦茫茫。惟公元二零一六年，岁次丙申，村两委首倡，顺势应势，情系农家。有乡贤张磊、张芳启者，率捐巨款。另有客乡游子，商贾宦工，慷慨解囊。更有广大村民，尽力鼎助。捐资二十余万，筑路一万二千余平米，十里通衢，喜而厥成。车不扬尘，泥不牵足，诚百世之功也。吾乡党急公好义，众志成城，热忱公益，造福桑梓。功在千秋，惠及子孙。诸贤功高德厚，而较之名车洋裘，骄富乡里而数典忘籍者，何啻天渊，思之宁不自羞乎？故丰此碑，勒石以记。彰显其品德，弘扬其美名。以昭示后人，追慕古风，弘扬懿善，追逐梦想，共建云尔。

高级教师　张乐好　宋申水　沐手恭撰

鲁桥村两委立　公元二零一六年岁次丙申八月

而通过《张氏族谱》中村民拟定的家族族规及祖训等规矩，也可以看出

他们对家族成员日常管理的重视。这些族规、祖训虽不具有强制性约束力，但也会潜移默化地影响村民们的日常生活。兹将其族规抄录如下：

张氏家族族规

一、凡规定祭祖之日，本族各支应举仁义之心，咸集祭之而不忘本。

二、宗族应当和睦相处。富帮贫，贫支富，互不嫉妒，更不可口角相争。树立团结友爱之家风。

三、吾族谱修妥之日起，按世系遵班取名。更不准随意攀世，混淆世系，欺宗灭祖。

四、加强宗族观念，同族不能通婚。

五、热爱祖国，热爱劳动，遵纪守法，做一名优秀公民。

六、对人和气，讲文明，有礼貌，讲道德，助人为乐。

七、居官清正，廉洁奉公，大公无私，光宗耀祖，留名千古。

八、族人要相亲相帮，维护团结，反对分裂，保持统一。

九、宗族老幼都要互相尊重，不准对骂取乐。

十、吾族应父慈子孝，兄宽弟忍，负孝敬之道。

不难发现，张氏家族族规虽然只有简单的十条内容，但却涉及村民生活的方方面面。例如，在家国观念上要热爱祖国、遵纪守法；在事业工作上要廉洁奉公、大公无私；在为人处世上要相亲相帮、维护团结。这些家族规约实际上都在倡导、弘扬一种优良的家族风气，也有助于营造家族成员内部和谐相处的良好氛围。同时这也为村民日常处事提供了一种价值导向，引导村民团结友爱、互帮互助，强化家族和睦的观念意识。至于张氏家族的十条家训，则主要强调的是对家族成员个体的日常修养教化问题：

张氏家族家训十条

一、敬宗遵谱。全族名讳，遵谱即敬祖。每当寻祖问宗时，须当熏沐捧读，以尽至诚之礼。

二、孝父母。生我者，父母也，勿忘三年哺乳之情。推干就湿，提携捧负，盼我成人，娶妻生子。至于自立，皆父母之恩，若不报是无亲也。而无亲者何以为人，然禽兽不如也。羊羔跪乳，乌鸦反哺，禽兽都有反哺之义，何况人乎？人子事亲以孝为本，以顺为先。如不孝者，须三思。

三、合兄睦弟。兄弟者，同胞之亲，手足之情。兄弟者，须当兄爱弟

敬，兄宽弟忍。莫听枕边言，失其手足情，常念五常三伦，兄弟者，当慎思之。

四、和族睦邻。邻族应互助互爱，有通财务之谊，互济之礼。为人子，切勿高攀下吝，近富远贫。切勿助恶欺善，暴弱事强。凡事先以责己，后以恕人。世人诸世为至邻，应以和为贵。

五、教子弟。父母主于慈爱，应以义方为训，宜于蒙养之始，应从严教之。首于仲子耕读孝悌，孝友传家，认五常，待人勿占便宜，需近善远恶，勿嗜赌好淫，其弟子未至玄宗耀祖，亦可完人也。

六、和妯娌。妯娌者，乃异姓同居之人，一旦各依其夫，同居其家，便为亲也。贤德者，谨认三从四德，和兄睦弟。妯娌相处之间，和睦之道，首在切莫枕边梭夫，二则勤俭尚朴，三则爱侄如子，同护如一，钟礼郝法，和妯睦娌，才能称得当世贤人也者。

七、正心养身。心为一身之主，心以思为职，无论夜寝与静坐，宜多思善意，少记恶感，人须当容貌端正，衣冠整洁，坐而稳重，行而大方，言语安详，谨守忠信。

八、学忍耐。凡遇难忍之事，以高度之涵养。古今之典，先有忍耐，方获日后硕果。凡事忍耐便能逢凶化吉，世间多少好事，皆以忍耐做起。凡事人欲急于求成，皆难以成其大事。

九、修口德。古人云，夫人修德在于口，有善言亦有恶言，积德在于口，丧德在于口，多少忠臣孝子烈女，夫一无碑记，亦无书传，而以口传颂。表彰幽潜之光，是修德于口，劝后人要经常做，常思己过，闲谈莫论人非，以口积德而为上也。

十、尚俭朴。夫人治家之道，不以奢华，贵在俭朴。诸事业不勤俭而求奢华难以兴家，勿求不义之财，若获负义之利，只是暂时昌盛，若以朴实忠厚，勤俭治家，传家济世方能无穷无尽也。

在鲁桥村村民眼中，《张氏家谱》中的家规、家训等相关内容，其实属于乡规民约的一种。必须承认的是，村民在相对琐碎的日常生活之中通常也会因为利益纠葛产生各种矛盾和问题，家规、家训并不回避这些村落问题的客观存在，而是在为村民们提供一种伦理和道义支撑。这也是张氏家族后人倾全族之力续修族谱的重要目的之一。

街边拉呱

综上而言，鲁桥村《张氏家谱》的修订过程，体现出张氏家族成员对于村落稳定生活状态的一种美好期望。他们在谋求家族认同感之余，还特别强调家族的稳定性与连续性。不论是村落内部的家族个体成员，还是生活在村落外的张氏族人，其都在努力营造一种家族集体感。经受这种群体化家族文化氛围的长期熏陶，也可以使得家族支脉处于相对稳固传承的状态。正是基于这些因由，鲁桥村张氏家族才能在近300年繁复多变的村落生活中长期占据一席之地。

四、桥归何处

村落作为乡民日常生活的基础地理空间，同时也是建构地方民俗传统的重要支撑。对鲁桥村而言，村民在村落中日复一日、年复一年地生活，演绎着属于他们的乡土文化影像。在外人眼中，鲁桥村村民习以为常的春耕、秋收、赶集、逗趣、拉呱、骂街、河边洗衣、桥上祭祀等最不起眼的日常生活状态，或许了然无趣。但它却是村落文化景观的真实动态呈现，其中也凝结着村民们积淀深厚的民俗生活传统。一般来说，华北地区的乡土村落多依托山、水、土地等自然资源来塑造特色鲜明的村落民俗文化传统。村民在日常生活中通过各种村落习俗来传承、延续其所坚守的乡土文化底色。石桥作为理解鲁桥村村落传统“生活世界”的一种可行方式和文化载体，它的存在一定程度上刺激了村落生活空间的产生与发展。而村民们在日积月累、久而成俗的村落生活实践之中，又会不断赋予石桥以崭新的功能和意义。鲁

桥边休憩

封桥与鲁桥村的民俗文化脉络也随之不断丰富。宛如鲁桥村冬日间落叶已然散尽的古槐树，枝干却截然分明，这也使得村落日常的生活世界框架变得清晰可辨。

这样一座置于村落生活世界中的石桥，不但象征着村落家族成员的荣耀光辉，更是窥视村落内部生活世界的重要窗口。其呈现给外部世界的镜像，绝不仅限于五彩斑斓的民俗生活味道，也包含着律动盎然的民俗文化图景。例如，村民在日常劳作模式、年中行事规矩等方面，遵循着一套典型的乡土生活逻辑。又如，村落内部的家族关系维系、礼俗往来中的讲究等，都是村民从日常生活习俗中总结而来的。关于鲁封桥的各种民间传说，也间接影响着村民的生活观念认知。可以说，如果将鲁封桥视为一个静态的“自我”中心，它承载着村民在日常生活实践中所面对的历史性、叙事性双重考验。村民如何感知、理解、建构他们心中的村落生活逻辑，则直接影响到村落民俗传统的意义与价值呈现。

毫无疑问，鲁封桥与鲁桥村，二者是一种相互影响且互为依托的紧密关系。鲁桥村中的石桥、古槐树、石婆婆、土地庙、碑刻等物质文化载体，深刻渗透至村民的日常生活实践之中。因鲁封桥而构建起来的村落经济空间、信仰空间、社会空间，是塑造村落民俗传统的主要因素。鲁封桥这一普通的石桥能够成为村落的标志性象征符号之一，并与鲁桥村产生紧密的生活关联，主要是由于其本身所具备的民俗张力。对村民而言，在村落历史发展进程中，鲁封桥总能在不同时段发挥着相应的实际功用。例如，鲁桥村村民在长期的生活实践中，就曾积累了大量与鲁封桥相关的地方性民间俗语：

田间忙碌

鲁桥有三宝，喝茶凉快带洗澡。

宁走三关口，不从鲁桥走。

车多不碍路，船多不碍江。

千年的古路走成河，新娶的媳妇熬成婆。

山高也有人走的路，河宽也有摆渡的船。

前有车，后有辙，人家咋着咱咋着。

常在河边走，哪有不湿鞋。

走路如敲鼓，一辈子不受苦。

十年河东转河西，不笑穷人穿破衣。

牛心不齐乱拉套，人心不齐瞎胡闹。

走的路比过的桥多，尝的盐比吃的饭多。

单手拍不响，独木不成桥。

饱汉子不知饿汉子饥，骑驴不知步撵的。

一天省一把，一年买匹马。

十月三场雾，行人走大路。

船走不等客，季节不等人。

冬走十里不明，夏走十里不黑。

靠山吃山，靠河吃河。

家有千顷靠沙河，不如扁担压着脖。

拽着胡子过河——牵须过渡(谦虚过度)。

骑着驴看唱本——走着瞧。

瞎子过河——不知深浅。

泥菩萨过河——自身难保。①

实际上，上述文本内容仅是鲁桥村村民在日常村落生活实践中积累的一部分民间俗语。其中包括谚语、歇后语等文本表达方式，语体内容短小精悍，却多角度地展现了鲁桥村及其所在区域的民俗生活经验和文化景观。例如，“前有车，后有辙，人家咋着咱咋着”旨在教育后辈要遵循传统，不可强出风头；“十月三场雾，行人走大路”则暗示了当地时令气候的特殊性，属于典型的生活经验总结；“鲁桥有三宝，喝茶凉快带洗澡”则形象地重现了过去鲁桥村村民闲暇时在鲁封桥边休憩避暑的日常生活场景。鲁桥村村中普遍流传的这一类口语、俗语、谚语等惯常表达方式，其实正是村民日常生活经验的累积和升华。

讲述村落历史

① 民间俗语提供者：张乐惠、张文田、张文金、张运令等。

如果离开了这种日常生活实践活动，理解鲁封桥与鲁桥村之间的互动关系也就无从谈起。诚然如斯，鲁桥村村民对于这座不能言语的石桥抱有相对复杂的情感。尤其是在当下，鲁封桥在失去了传统的地理区位优势之后，它在民众日常生活中所承担的实际角色也越来越纯粹。鲁封桥最初只是一座勾连东西交通的普通石桥，后来又因地理优势带动了村落商贸经济的发展，村庄规模也随之不断扩延。时过境迁，当"鲁桥大集"的风光不再，鲁封桥却仍然承担着"丧礼送盘缠"的村落仪式功能。周边村落交通格局的不断变动，又造成了鲁封桥的迅速"失落"。时至今日，鲁封桥东岸岸边竖起了一块提醒过往行人注意安全的警示牌，这也意味着它现在已经成为了当地村民的一种"心病"。2008 年，地方政府在鲁封桥南侧不远处修建了奚仲大桥，当时鲁桥村有些村民抱怨为何没有人去修缮这座有着深厚历史的"老桥"。前几年鲁桥村筹资在村中街道铺设水泥路时，有村民提议将"老桥"桥面也铺上一层水泥以方便行路，但被其他村民否决。这座石桥从表面上看似乎仍保持着原初的模样，但鲁桥村村民都知道，它实际上早已经破败不堪。据村民讲述，在国家大力推行"乡村振兴"战略的时代背景之下，鲁桥村目前也已被地方政府纳入"美丽乡村"旅游建设规划，鲁封桥则被视为鲁桥村村落历史文化的标志性旅游景观之一。其实村民们的想法异常简单，他们期待着鲁封桥发挥新的余热。

第七章 村里的人 村里的事

一、喜方子

方子，是鲁南枣庄一带对“棺材”的别称。按照当地习俗，一般在老年村民去世之后，其家人需给逝者准备下葬用的棺材。棺材多从村庄附近开设的棺材铺定制，村民对棺材的质地选材也非常考究。其中以柏木、桐木为上，价格也略高；而以柳木次之，价格相对实惠。为防潮防水，通常还会在棺材内外刷上几层油漆。而在鲁桥村，过去村中流传着为尚未去世的高寿老者提前定做“喜方子”的民间习俗。以前高寿者去世，往往被村民视为“喜丧”。这种专门为高寿老者提前定做的棺材，则被称作“喜方子”。

鲁桥村村民认为，“家有一老，如有一宝”。在一个农村家庭中如果奉养着 80 岁以上高龄的长寿长辈，常被看作后代子孙的福分。而在老者寿终前为其定做“喜方子”，也能彰显后辈的拳拳孝心。定做“喜方子”的费用多由家族内部成员出资分摊。族人从棺材铺购买了合适的棺材后，一般先将其暂时安放在老者居住的庭院内，等到老者寿终时即可使用。然而，乡村生活总是充满着变数和玄机。在鲁桥村村民看来，“喜方子”原本就是一件“撑活人脸面”的事情。当有些村民仅仅为了“面子”而去定做“喜方子”时，则又会引发家族叔伯兄弟之间一系列不可调和的问题。

在鲁桥村张氏家族续修的族谱中，曾收录了两则节孝传。其中一则名为《刘氏节孝传》，另一则名为《张氏节孝传》。这两位传主皆是张氏家族中的高寿长辈，而刘氏稍长于张氏一辈，张氏称呼刘氏为叔婶。两人都因年轻时丧夫，无奈只得独撑家门，相依为命。刘氏和张氏二人所生活的年代，正处于军阀混战、日寇入侵、战乱不息的动荡时期。据地方文史资料记载，1935年5月，驻临城韩复榘军队曾出兵一个营到鲁桥村南不远的西仓村，镇压培贤道教徒。1937年8月，王守银组织培贤道道徒100余人，在鲁桥村东的千山头组建了农民武装。1938年3月中旬，日军侵略者派出两架轰炸机袭击了张范老和尚寺一带的平民。这次惨案炸死无辜平民250余人，炸伤360余人。日寇轰炸平民的消息很快传到了鲁桥村。为了确保生命安全，鲁桥村村民开始逃往村西的滕县柴胡店一带躲藏。这种动荡不安的社会局势，也给刘氏和张氏的日常生活造成了极大困扰，两人一生笃信民间佛教，烧香磕头，礼拜神佛，甚是虔诚。

她们虽然平生历经坎坷磨难，却坚忍守节，待人谦和，德行为族人所赞。张氏族人在1998年为他们作传时两人仍然健在，当时刘氏已年逾87岁，而张氏为78岁。刘氏和张氏寿终的年龄分别为94岁和90岁。因刘氏辈分高，在她去世时张氏族人曾摆宴百余桌，举办了一场非常隆重的葬礼。《刘氏节孝传》曰：

> 节孝刘氏是本邑陶庄镇防备村刘宗海长女，赋性和顺，善良端庄。氏于一九二三年与族伯世荣长子乐乾成亲结婚时，年仅十七岁。婚后夫妇互敬互爱，生活美满幸福，约六年先后生二女。但好景不长，夫染病医治无效，终病故。氏哭天挠地，痛苦莫及，痛不欲生，想以死相随，父兄亲友婉言相劝。因上有二老双亲，下有弱女，二人如死，弱女则更苦，又有谁来养老扶幼呢？氏心明大义，转死为生，疾志守节。可想今后的生活该有多难。氏有地数亩，为维持生活，心想不能时时处处求人，不能怕羞，能干的要干，不能干的强干。如锄地，先找人把锄送到地里，然后偷偷去锄。锄完后再找人偷偷送回家。房屋坍塌，与本族侄媳二人修缮。可谓装男变女，以母代父，难上加难。几十年来，氏操持家务，井井有条。善理家正，精于节俭。操儿女出嫁，葬送二老双亲，可谓历尽千辛万苦。氏善良勤奋，和睦妯娌，关心亲邻。堂兄之妇早逝，遗

一弱女，氏如女相待。堂伯侄媳妇早卒，氏如儿相待。形影相吊，相依为命，今如同母女，亲密无间。如亲邻有嫁娶者，氏有求必应，给予办理。可谓热心至极，因此人人敬之。氏疾志守节，坚如磐石，志如钢铁。孺人守节七十余年，现年八十七岁。年愈高而德愈高，故为之立传以传世风云。

《张氏节孝传》曰：

节妇张氏是本邑前西仓村张宗银之女，生性和顺，爱整洁，受母训，显孝端庄，知情达理，在家以孝著称。一九三七年正月初三日，与族兄乐同次子文政成亲，时年仅一十七岁。当时日寇入侵，时局动乱，结婚第二天，则去滕县柴胡店备乱。七天后送对月回来后，仍去备乱。婚后二人相亲相爱，同渡华年。但天有不测风云，由于时局动乱，整日提心吊胆，寝食失律，同年七月七日，文政不幸身染重病，千方百计，八方求医仍然无效，于同年八月十五日病逝。孺人哭天动地，痛不欲生，志于身殉。众人百般泣劝，并双方皆有二老汉亲，若誓从泉路，老人何所养，此时则强起为生。常言死节易，守节则难。守节于富贵之家易，守节于贫困之家难。然而孺人则属难守之节，但张氏却疾志守节，当时族伯及亲兄同劝其改节，但其节孝之志却坚如磐石，毫不动摇，独自生活，栉风沐雨不以为劳，披星戴月至不以为苦。每至禾稼成熟，内外兼顾，割砍锄镰，样样俱做。有时还要修补房屋，有活能做则做，不能做则强做。同时在其娘家父兄侄辈的依次资助下、亲临照顾下，节衣缩食，不以贫穷为事。历尽千辛万苦，孺人一生能敦宗睦族，循规蹈矩，忠诚朴实，不尚虚伪，勤快助人，贤名远扬。时时事事谨谨慎慎，代夫尽忠尽孝，冷灶寒食已七十有六载。青年疾志守节，白鬓完贞节。这种刚毅不阿、忠贞到底的精神方圆百里难寻。今入家乘，以表其行，永垂千秋。

一九九八年三月

张氏家族“喜方子”的故事发生在20世纪90年代。因刘氏年轻时只育养二女，而张氏也没有子嗣，按照鲁桥村的传统风俗，刘氏和张氏二人在年逾60岁以后，被分别过继给了家族中的直系侄孙奉养。其中张氏共有12个侄子，当时侄孙们为了彰显孝心，商议共同出资为张氏定做了一副“喜方子”。平时刘氏二女儿与张氏关系甚好，她得知这个消息后也想为其母亲刘

氏置办“喜方子”，于是召集家族人员开会商议。但此举遭到了过继刘氏侄孙的反对。他们认为，与其给老人弄个名义上的“喜方子”，不如在生前好好孝顺老人。此事最终没能成行，双方因此产生了一些纠葛。但刘氏侄孙始终坚守孝道，日常生活精心奉养，并为刘氏养老送终，孝心为村民称道。然而，张氏名义上过继的侄子在张氏晚年期间却并不怎么孝顺。因侄子不孝，刘氏二女儿还曾将她接到自己家中长期奉养，直至临终前才将刘氏送回村庄，令张氏侄孙蒙羞。后来，张氏这 12 个侄子又因最初置办“喜方子”的问题产生了矛盾纠纷，闹得家庭不和。因此，曾有鲁桥村村民评价道：“喜方子，虚面子，不如生前多伺候。”

二、鲁桥三大怪

在鲁桥村，存在着不少怪异现象，村民俗称为“鲁桥三大怪”。

1.“小孩生病不上院，抱着满街找神汉”

鲁桥村的三大怪异现象之一，村民称之为“小孩生病不上院，抱着满街找神汉”。过去农村医疗卫生水平普遍较为低下，村民的医疗卫生知识也十分欠缺，一旦村民在日常家庭生活中遭遇疾病，常常会求助于各类民间“巫医神汉”。这一封建落后的民间医疗观念，严重时则会贻误病情，给村民造成更大的伤害。以前在鲁桥村，但凡家中的孩童出现生病情形，父母往往不着急把孩子送到附近的卫生院诊断治疗，而是先找到村里的“神老嬷嬷”，请其帮忙给孩童“看下子”。而这些“神老嬷嬷”一般在进行完烧香、磕头、敬神、叫魂等一系列程序之后，才会告知村民因何怪异情况引发孩童生病。他们认为多数孩童所患疾病都属“虚病”，请“神老嬷嬷”看病时，要给她们带两盒香烟或奉上 5～10 元的敬神钱。如果经“神老嬷嬷”治疗之后孩童的病情仍未转好，村民才会带儿童到正规医院进行医治。直至今日，鲁桥村这种“孩童生病找神汉”的医疗信俗仍未断绝。

2.“桃花开，杏花败，全村老少炸咸菜”

这一句民谚主要是指过去鲁桥村普遍存在的一种特色饮食习俗，也被村民视为鲁桥村三怪之一。20 世纪 90 年代以前，当地村民的生活水平相对低下，各类青菜、肉制品等生活物资供应比较有限，村民习惯于在每年春季

炸制“老咸菜”作为日常饮食的辅菜。而且村民认为，人们在日常繁重的农事活动中通常要付出较多体力，常吃咸菜等含盐量较大的菜品可以使人们感觉到身体“有劲”，进而提高农事劳作效率。“炸咸菜”，即腌煮咸菜，实际上又被鲁桥村村民称为“长远菜”，因为这时候制作的老咸菜经久耐放，最长可存放一年之久，也有“长存久远”的寓意。一般在冬至前后，村民们会选用一类俗称为“辣疙瘩”(芥菜根)或“辣菜缨子”的咸菜品种作为炸咸菜的基础原料。炸咸菜的制作工序比较复杂。一般村民首先将“辣疙瘩”或“辣菜缨子”清洗干净，然后均匀地切成细长条，按照一层咸菜一层盐的制作方法把这些咸菜原料放入沙缸中腌制。村民可以根据个人口味控制放盐量，盐量愈多则腌制出来的咸菜口味愈重。一直等到来年春季三四月份，一般在清明节前后，村民会把腌制好的咸菜取出并放到太阳底下晾晒。炸咸菜时，先将之前用来腌制咸菜的盐水倒入灶台的大铁锅中，加柴火烧开后沥出盐沫，紧接着再把已经晒干的咸菜放入锅内用慢火煮制。如果水量不足，可以再往锅中加入适量清水，有时也会加入一些猪油调味。小火煮制四五个小时，等锅中的咸菜颜色从绿色逐渐变成黑色后，便可以出锅。出锅后的咸菜以不需用力咀嚼即觉口感软嫩为最佳。有些村民好食辣椒，也会在炸咸菜的同时加入干辣椒。村民多将炸好的咸菜放入沙缸中长期存放，日常食用时随吃随取，也可配上葱花、香油等调料调制后食用。

因为鲁桥村村民每年炸咸菜的时间段大致趋同，所以也就产生了“桃花开，杏花败，全村老少炸咸菜”的街头景观。及至现在，村中的一些老年人仍会在清明节前后炸制咸菜食用。而鲁桥村年轻村民的饮食观念较之于老年人已经发生了很大的变化，他们多数都知道咸菜中含有大量的亚硝酸盐，应少吃为宜。因此，鲁桥村每年清明时节“全村老少炸咸菜”的饮食习俗已在渐渐消失，进而化为当地村民脑海中不可磨灭的乡间食俗记忆。

3.“鲁桥庄里有七多，神屠豆石加赌博”

除了以上鲁桥村村民提出的两种村落独特现象之外，在鲁桥村还流传着“鲁桥有七多”的民间俗语，这也成为该村迥异于周边村落的标志性习俗。所谓“鲁桥有七多”，即“神老嬷嬷”多，杀猪的屠户多，卖豆腐的多，卖白粥的多，赌博的多，喝酒的多，“石敢当”多。过去，与周边其他村庄相比，鲁桥村的“神婆”“神汉”数量明显要多。而对普通村民而言，鲁桥村村中信仰菩萨、佛

祖、财神等中国传统民间神灵的家户也不少。至于这些“神婆”“神汉”所信之神，多为道教、佛教之中的各类神灵。他们自认为有“阴阳眼”，可看透阴、阳两间之事，也有一部分“神婆”自称身顶“黄仙”“蛇仙”等地方化神灵。他们平常看起来与普通村民无异，只是每日早晚都要坚持烧香磕头、礼敬神佛。如果村民因“虚病”问题找上门来请其帮忙，他们则会烧香磕头，祈求借助“神灵”的指点获取病因，然后再帮助村民对症治疗各种“虚病”。杀猪的屠户多是指鲁桥村过去有多户村民以杀猪卖猪肉为生，而附近集市上售卖猪肉的摊点多数也是由鲁桥村的杀猪屠户开设的。以前在鲁桥村，当地村民几乎家家户户都会在家院中养上一两头猪，等到年底养肥之后卖掉补贴家用。在鲁桥村村西还曾专门建有一座村办养猪场，村中赵家的烧猪头肉在当地也是小有名气。

张氏手工豆腐

卖豆腐、卖白粥的多，是指鲁桥村一直维系着经营豆腐、白粥等小型饮食生意的村落商业传统。因为以前鲁桥村曾长期设有村庄集市，村民除了日常种地之外，还可以经营一些售卖豆腐、白粥的小生意作为家庭收入的来源。村民平常在集市上售卖的豆腐是一种卤水豆腐。鲁桥村制作卤水豆腐的手工技艺至少已传承百年，其中以张氏家族的卤水柴火豆腐最为著名。

据村民讲述，这一豆腐品种使用柴火地锅烧制，经过泡黄豆、打豆汁、过豆包、烧地锅等十余道手工程序，最终做出来的豆腐口感细腻，适宜煎炖，价格实惠，深受村民喜爱。由于张氏豆腐是纯手工制作，加之人手有限，所以每日产量不多，往往上市不久便被抢购一空。每年春节期间是张氏卤水豆腐的销售旺季，远至枣庄、滕州一带的民众也会慕名前来购买品尝。鲁桥白粥则是一种地方特色小吃，当地村民习惯于喝这种白粥作为日常早餐。它是用优质大豆、小米等作为基础原料，经过浸泡、磨浆工序，然后按照一定比例入锅慢火熬制而成的。刚出锅的白粥味道浓郁醇香，村民尤其喜好搭配油条、水煎包等地方小吃一同进食。

赌博的多、喝酒的多，则是指部分鲁桥村村民嗜好打扑克、打麻将，空闲的时候爱喝酒。鲁桥人的性格普遍粗犷豪爽，喜好热闹。村民认为，鲁桥村嗜好打牌的风气主要与过去村中较为发达的商业传统有关。而村民爱好喝酒的习惯亦是如此，当地传有“无酒不成席”的说法。村民日常多饮白酒，啤酒、红酒次之。亲朋好友聚餐，离不开酒；婚丧嫁娶仪式，也必须要喝酒。而且喝酒必须要微醉以上才算尽了待客之道。平常人家，喜好喝酒的村民少者每天喝一顿酒，多者一天两顿，更有甚者三顿不离酒，其往往被其他村民戏称为“酒冒”。而有的人酒一旦喝高，吵架、抬杠、骂街之事在村中也屡见不鲜。不过最近几年在国家出台醉驾入刑的严格管理政策之后，加上越来越多的村民认识到过量饮酒对身体造成的各种危害，此类过量饮酒出丑事的比例在该村有逐渐降低之势，而过去席桌之上强劝亲朋喝酒纵乐的不良风气也随之改变了很多。

鲁桥村村民所谓的“石敢当”多，是指村中随处可见由村民所立的一种刻有“泰山石敢当”字样的镇宅风水石，村民称其为“石婆婆”。在鲁桥村，几乎家家户户都会在院墙外面立上一尊长条形状的“石敢当”。至于为何要在家院外设立“石敢当”，村民认为它有镇宅辟邪的功效。逢年过节，鲁桥村村民会摆供虔诚供奉“石婆婆”，过去村内还流传着一则“石婆婆”搭救好人的民间故事：

> 传说在很久以前，鲁桥村有一户贫苦人家，家中只剩下一个老娘和两个年幼的儿子。其中大儿子叫王大，二儿子叫王小。等大儿子王大娶了媳妇成家之后，却不怎么孝顺老娘，所以老娘就跟着小儿子王小一

起生活。王小平时以上山砍柴为生，日子过得十分穷苦。在他上山砍柴的路边，有一块石头虽经常年风吹日晒，但始终光鲜无比。王小每次经过那里都要磕头祭拜一番。有一次，王小又路过这块石头，正准备磕头，突然听到有人说话："小伙子，你能不能帮我个忙？"王小转眼一看，原来是石头在说话，便惊诧地问道："您需要我帮什么忙？""我是石婆婆，嗓子卡住了，你伸手帮我掏一掏吧。"这块石头突然张开了一张嘴巴。于是王小帮着石婆婆掏了几下，没想到掏出来的都是金子。石婆婆又对王小说："王小，我看你人还不错，拿着这些金子快去孝顺你娘吧，等你用完了再到我这里取。"王小实在推辞不过，就带着这些金子回了家，买房置地，最终过上了幸福的生活。①

三、闲暇娱乐

华北传统乡土社会的村落劳作模式，往往依托于以二十四节气为主要参照的农时节令制度而展开。乡民在村落日常生活中并非总处于持续忙碌的状态，而是呈现出一种"忙中有闲，闲中有忙"相互交织的生活韵律。在鲁桥村，村民除了忙于日常农事活动之外，在农闲时候和传统节日期间也会组织一些集体性娱乐休闲活动，以此调适平日较为紧张的身心状态，由此形成了一种"忙—闲"相辅的村落生活节奏。一般说来，鲁桥村村民农事活动的忙碌时段主要集中在春、夏、秋三个季节，尤其是在夏收和秋收期间最为忙碌，村民前后集中忙碌农事的时间长达三个月之久。例如，在开春三、四月份，村民要经常去麦地里锄杂草、打农药，以预防各种田地病虫害问题。夏季六、七月份，则忙于收割小麦和播种玉米。到了秋季九、十月份以后，则忙于收割玉米和播种下一年的小麦。此外，鲁桥村每家每户都分配有不足一亩的菜园地，村民还要在夏秋之间交替种植、管理诸如土豆、辣椒、西红柿、豆角、萝卜、白菜和韭菜等各式各样的蔬菜，以满足日常生活之需。因此，鲁桥村村民集体性闲暇娱乐活动主要集中在冬季农闲或其他空闲时段的晚间进行。

① 被访谈人：张王氏，女，80岁，鲁桥村村民。访谈时间：2012年4月26日。访谈地点：鲁桥村。访谈人：张兴宇、刘捷。

如果按照年龄阶段划分，鲁桥村老年村民和儿童的闲暇娱乐时间相对较多，中青年村民则因上学、工作等客观原因而少有闲暇娱乐时间。其中鲁桥村老年村民的闲暇娱乐活动主要包括拉呱、听戏两种。此外，鲁桥村一部分老年村民平时还喜欢下五子棋、象棋等。在冬季农闲时节，由于天气寒冷，老年村民很少出村活动。一旦白天遇到光照充足的好天气，这些老年村民多半会三五成群相约凑到一起，然后在院落墙角向阳处晒太阳、拉呱取乐。老年村民的拉呱话题内容并没有限制，他们或者讨论国家最近发生的各种大事小情，或者评判村民日常生活中的各种琐事。村民所谈论的各种消息并不一定准确，或是从电视新闻中得来，或是道听途说而来。总之，你一言，我一语，说到激动处，有些村民甚至会相互“抬杠”，言语之间争得脸红耳赤，但实际上在事后并不当真。村民张运奎说：

> 鲁桥这里的老百姓喜欢拉呱、抬杠，有时候争得脸红脖子粗的。就是好面子嘛！不喜欢在公共场合丢人。以前村里有个老头就特别好抬杠。人往东说一句，他就往西抬一句。人往南说一句，他就往北抬一句。冬天闲着没事去谁家坐坐，拉呱，东扯一句，西扯一句，抬起杠来，惹得大家伙都乐乐呵呵的，就和喜趟玩（开玩笑）似的。这个谁也不能当真事啊，都是街里街坊的，也就是找个乐子。①

鲁桥村老年村民也有喜爱听民间戏曲的习惯，在20世纪80年代以前，村民主要的娱乐休闲活动就是听戏、看戏。其中村民较为熟悉的曲种有柳琴戏、河南豫剧、山东梆子和山东大鼓等。例如柳琴戏，过去在当地又叫作“拉魂腔”。它使用“土琵琶”伴奏，形式十分灵活，而且男唱腔粗犷豪放，女唱腔活泼明快，表演起来诙谐幽默。柳琴戏这一民间戏曲深受鲁桥村老年村民喜爱，至今仍有一些村民可以随口哼唱几句《捆被套》《王二姐思夫》等柳琴曲目片段。与以前相比，村民现场看戏的机会明显少了很多。虽然近些年来地方政府一直坚持在农村推行“民间戏曲进乡村”的公益演出活动，但表演次数相对较少。得益于现代科学技术的发展，村民可以从附近集市上购买到一种廉价的“戏曲演唱机”，充电后即可使用，各种曲目种类达上百种，满足了鲁桥村老年村民看戏、听戏的曲艺需求。

① 被访谈人：张运奎，男，57岁，鲁桥村村民。访谈时间：2012年10月27日。访谈地点：鲁桥村。访谈人：张兴宇、孔军。

至于鲁桥村儿童的闲暇娱乐活动，主要由各种民间游戏组成。这些游戏多半可以就地取材，如村落中的泥巴、石块、树叶、草木棒等都可以成为孩童们玩耍游戏的使用素材。例如，在春季万物复苏、树木重发嫩芽时，鲁桥村孩童会爬上杨树，折取细长的杨树条制作简易的“响喇叭”取乐。等到洋槐叶长出来时，村中的三五小伙伴又会聚在一起玩“抽洋槐叶”的益智游戏。在过去，鲁桥村幼年村民可参与的娱乐活动丰富多样，而且男孩和女孩之间的游戏类型也有较大差异。从性别上划分，鲁桥村女孩们平时喜欢玩踢鸡毛毽子、跳皮筋、跳瓦房、翻骨子及“指天星过天河”等民间游戏，而男孩们则喜欢玩下地棋、滚铁环、打弹弓、打陀螺、摔元宝、打瓦、捉迷藏及摔泥洼洼等民间游戏。当然，目前这些民间游戏在新一代鲁桥村幼年村民的闲暇娱乐世界中正处于逐渐消逝的态势，当下更多的被手机游戏、电脑游戏、动画片、桌游等新型娱乐方式所取代。总之，鲁桥村过去流行的各种民间游戏花样繁复，规则不一，且多以益智、竞技为主，以下简要列举两例。

1. 下地棋

所谓“下地棋”，即用草木棒、石子等游戏素材在地面上画线下棋比赛胜负。地棋分为许多种类，多采取双人对战模式，当地村民常玩的有“憋死牛”“日本鬼子八路军”“鸡毛蒜皮”等几种游戏形式。作为鲁桥村村民在冬春季节消磨闲暇时光的重要选择之一，下地棋老少咸宜，受众普遍，随处可玩。其中“憋死牛”又叫“憋区”，是一种两人对战游戏，简单易学。游戏时先由一人在地面上划出“区”字模样的图形，然后每人各取两枚石块或草木棒作为棋子，按照先后顺序依次走子，直至对方无路可走，将对方“憋”死。“日本鬼子八路军”是一种“六纵七横”的方格对战游戏。先由其中一方模拟“日本鬼子”，手持二十四枚棋子；另一方模拟“八路军”，手持两枚棋子，然后双方按照“隔山打牛”“多重围堵”的游戏规则相互“拼杀”。一般情况下，势单力薄的“八路军”一方总能取得最后的游戏胜利。“鸡毛蒜皮”则是先在地上画出两个交叉的矩形，对战双方每人手中拥有四枚棋子，然后轮流走棋。其中一方按照线路先出棋走四步，同时口中需念叨“鸡毛蒜皮”四字口语。等到第四步走棋结束时，如果能够碰到对方棋子，对方则损失一枚棋子。吃光对方所有棋子的玩家，即是游戏的最终取胜者。这一类下地棋的民间游戏形式，既能消磨村民的闲暇时光，也能活跃脑力，深受鲁桥村村民喜爱。

2. 摔泥洼洼

鲁桥村地处滕西平原的乡间地带，土壤类型多是褐土和棕壤土，土质相对松软，遇水容易黏连。在盛夏酷暑，鲁桥村孩童喜好结伴玩耍一种叫作“摔泥洼洼”的民间游戏。这是一项充满着浓郁乡土气息的游戏类型，幼年男女皆可参与，玩法也十分考究。如前所述，过去鲁桥村内沟壑纵横，遍地泥沙。玩此游戏时，孩童们可先在村中找一片空地，然后用铁铲子挖出相对松软的泥土作为游戏原料，再加上清水精心揉制成不同样式的块状物品，以竞赛之法，分出胜负。摔泥洼洼的前提是要选择一块土质上佳的泥巴，而鲁桥村西河岸边的泥土材质显然是摔泥洼洼的绝好原料。因为此处的泥土经过古薛河水的长年冲击，中含有大量细微砂质，黏性很强。孩童们结伴在河岸两旁寻泥、挖泥，乐此不疲。收获泥巴原料之后，孩童们紧接着回到村中，在一块平整且硬朗的地面上揉制泥巴。很快，经过反复不断的揉捏，泥巴变得韧性十足。而后孩童们再从中选取一块泥团，将其做成深口方形盆状。此时需用大拇指从方饼的中间位置往四周匀开，边匀边捏。捏制的要领则是“盆沿儿”尽量捏得厚一些，“盆底”可以轻薄一些，凡是参加比赛的孩童都会拥有一块自己亲手捏制的泥洼洼。接下来，他们猜拳决定出场顺序。最先出场的那位，小心翼翼地将泥洼洼托于手掌之上，然后唱出类似如下几句的顺口童谣：

> 东南风，西南风，俺的泥洼洼好大声！
> 东家里，西家里，都来看俺放炮哩！
> 摔泥洼洼，摔泥洼洼，恁说透明不透明？
> 不透明，不透明，三天买了个玻璃瓶。
> 玻璃瓶，打坏啦，三天买了个大喇叭，乌拉乌拉可响啦。①

童谣唱罢，孩童便迅速把手掌反转过来，将泥洼洼用力摔到平地之上。此时倒扣着的泥洼洼底部会破出一个大洞。依据毁坏情况，其他小伙伴需用自己的泥团捏成所谓的“泥布”补平这一窟窿。如果没有摔响，则会被其他孩童戏称为“哑巴”；如果只是边沿破裂，就叫作“飞边”。在这种情况下，其他玩伴可以去一同争抢这块泥巴。如此反复多次，直至赢尽对方之前捏制

① 被访谈人：张运令，男，58岁，鲁桥村村民。访谈时间：2012年1月22日。访谈地点：鲁桥村。访谈人：张兴宇、朱明。

的所有泥巴,游戏才告结束。

对于鲁桥村大部分中青年村民而言,他们平常主要忙于农事生活,或者在外打工挣钱,养家糊口。他们是支撑起整个家庭经济生活的主力人员,很少有充足的时间参与村落中的各种闲暇娱乐活动,但这并不意味着他们完全没有属于自身年龄段的闲暇娱乐生活方式。在冬季农闲时段,或者是在各大传统节日期间,鲁桥村的女性和男性中青年村民也有着不同的娱乐休闲生活,目前主要包括跳广场舞、打扑克牌和打麻将等几种形式。例如,在最近几年,华北地区的不少乡间村落都流行起了跳广场舞的娱乐习俗,鲁桥村的中青年女性村民也紧紧跟上了这股集体跳舞娱乐的风潮。鲁桥村广场舞最初就是由张氏家族的几位中青年妇女带头发起的。她们自发凑钱购买跳舞的音响设备,专门从外村聘请了舞蹈老师现场教学。村民跳舞的时间一般安排在晚间进行,等吃过晚饭后,她们会搬上小板凳,带上表演设备前往鲁桥村村委会小广场集合。音乐响起,村民们在领舞老师的指导下学跳各种广场舞。

此外,打扑克、打麻将等牌类游戏目前在鲁桥村尤其盛行,这也是该村中青年男性村民和部分女性村民在秋冬农闲之际尤为喜好的娱乐休闲项目。其中,鲁桥村村民常玩的扑克游戏包括“打百分”“升级”“枪炮斗地主”“保皇”和“够级”等五种形式。前三种为四人扑克游戏,“保皇”为五人扑克游戏,“够级”则为六人扑克游戏。按照不同的扑克游戏规则,参与者或两两合作,或三三合作,或三一合作,相互对打,取胜者可以分享一定的牌资。而且,扑克游戏参与人数越多,则越强调团队的配合能力。鲁桥村中青年女性之间普遍流行的扑克游戏则包括“红三红五红十”“争上游”“金钩钓鲤鱼”和“斗牌”等多种形式,相对于该村男性村民常玩的“升级”“够级”等规则复杂的扑克游戏而言,这几种游戏相对简单易学,属于“入门级”扑克游戏。除了打扑克之外,部分鲁桥村中青年村民也特别喜欢打麻将。麻将是一种四人参与游戏,一般按照“吃”“碰”“杠”“听”等游戏规则分成“跑得快”“赢庄”等多种玩法。冬季农闲时节,鲁桥村的几家经销商店门口,通常会聚集着不少打麻将和看“二行”的人群,现场热闹非凡,成为冬日村落街头一景。春节期间,不少鲁桥村村民会呼朋唤友在个人家中打麻将,消磨节日时光。现在村民使用的麻将牌多是从超市中购置的,为小长方块塑料材质,共计 136 张,价

格相对便宜。在过去，鲁桥村村民常玩的是一种纸质麻将，村民俗称“码老瓷”（音译）。由于鲁桥村以前曾设立村庄集市，沿河一带商贸业相对发达，村民便在自家旅店内开设小型牌局，供过往行人放松取乐。但这在无形中助长了该村村民嗜好扑克和麻将的风气，也使得“鲁桥人嗜好打牌”的村落风气“远名在外”。甚至连村西5公里之外滕州柴胡店一带的老年村民在谈及鲁桥村时，通常也会脱口说出“鲁桥人嗜好打牌”的地方特色：

> 说到鲁桥，这边人都知道鲁桥人好打牌。为什么这么说呢？因为鲁桥这个庄子以前有大集，南来北往的行人多了去了。旧社会那时候，就在鲁桥的河两边，有卖羊汤的、打烧饼的、卖茶的、打铁的，干什么的都有，所以各种娱乐项目也比较多。附近庄子都知道鲁桥人好打牌，过去还有人偷偷设局赌博。都说小赌怡情，大赌伤身，可那个东西一旦沾上了，就很难甩脱了。[①]

鲁桥村过去的确有少数村民暗中参与具有“赌博”性质的打扑克、打麻将活动，但这种不良的社会风气通常为鲁桥村大部分村民所不齿。村民认为，对于打扑克、打麻将这些民间棋牌类游戏，闲暇时可以适当参与，但应以不影响家庭正常生活为基本准则，绝对不可沉溺其中。若过度沉迷，容易玩物丧志，并陷入其中不能自拔。

---

① 被访谈人：胡述兰，男，79岁，滕州市柴胡店镇大庙村村民。访谈时间：2012年2月3日。访谈地点：大庙村。访谈人：张兴宇、褚强。

附　录
鲁桥村民俗资料提供者简介

1. 郭鹏喜，男，85 岁，务农。年轻时曾承包村西河面养鱼，熟知村落历史。

2. 郭传怀，男，75 岁，曾担任村支部书记，擅长养鱼、种植花卉。

3. 张乐惠，男，73 岁，村退休小学教师。

4. 张乐好，男，68 岁，村退休小学教师。

5. 张文平，男（1939～2012 年），生前曾长期担任村长一职。

6. 张文山，男，80 岁，务农，熟悉村落历史文化。

7. 张文田，男，70 岁，务农，擅长卤水豆腐手工技艺。

8. 张文金，男，70 岁，曾担任村主任一职。

9. 张文哲，男，70 岁，现任村大队会计。

10. 张运令，男，58 岁，原薛城区人民医院后勤退休职工，通晓红白喜事规矩。

11. 张运奎，男，57 岁，村超市老板。

12. 张运林，男，55 岁，村小学教师。

后记

鲁南枣庄薛城一带，在历史上曾是“造车鼻祖”奚仲故里，也是“铁道游击队”的故乡，民风素以仗义豪爽著称。各种因缘际会，位于滕、薛之交的鲁桥村，成为了这本小书的主角。

维桑与梓，必恭敬止。我自幼成长于鲁南乡村，对老家的一草一木总是倍感亲切。童年记忆中的乡间生活，村民们的小日子虽然过得并不算富裕，但绝对不失人情趣味。亲朋邻里若久不相见，必是嘘长问短，关爱有加。村口街尾，点滴农家温情，跃然于眉间颜笑。在鲁桥村村西的古薛河上，矗立着一座现今看起来略显破旧的石桥。村民们称它为“鲁封桥”，传说其最初是由明朝兖州府鲁王所建。几百年来，正是因为这座石桥的存在，鲁桥人在这片平原土地上静静地扎根生活，创造了绚丽多姿的民俗文化景观。

我行其野，芃芃其麦。自 2011 年冬正式走进鲁桥村展开田野调查以来，鲁桥村村委会以及当地淳朴善良的村民为我提供了许多热情无私的帮助。他们无惧寒暑，不厌其烦地带着我在村子内外东跑西颠；他们不辞辛劳，帮助我解决调查中遇到的疑难问题。对于村落中的那些“陈年往事”，他们知一说一，娓娓道来；而对村庄内的某些“瑕疵”，他们也从不避讳，畅意直评。可以说，没有村民的支持与配合，就不可能有今天的这一点点“成绩”。在田野调查期间，幸得鲁桥村村民郭鹏喜、郭传怀、张乐惠、张乐好、张文山、张文平（已故）、张文金、张文哲、张文田、张运令、张运奎，后湾村村民刘宗英、刘春野及柴胡店镇大庙村村民胡述兰等人倾力相助，还有许多叫不上姓名的热心村民，他们的辛苦付出为本书顺利完成打下了坚实基础。感动之情无以言表，唯有再次诚心致谢，谢谢你们！

“故人入我梦，明我长相忆。”犹记得有位老师，他在课堂上常用一句话来形容民俗学田野研究的五味杂陈：“田野，田野，尝到甜头，心就野了。”田野调查的个中滋味，冷暖自知。幸运的是背后还有一支踏实暖心的山大民俗学团队默默陪伴着我们砥砺前行。感谢山东大学民俗学研究所刘德龙研究员、张士闪教授和刁统菊副教授等老师为本研究定题提供的学术指导，感谢李生柱、刘捷、孔军、周明霞、刘若轩、楮强、朱明、李浩、袁大伟等同学、好友多次义务前往枣庄帮助展开田野调查，感谢日本爱知大学周星教授、美国俄亥俄大学游自莹博士在2015美国民俗学年会上提出的中肯建议。一路走来，实为不易，真心感谢人生路途中那些曾经帮助过我的朋友们！

特别感恩我的父母，谢谢你们一直以来不计回报的付出和支持。

需要说明的是，受学力所限，这本小书中难免有错讹，敬请方家批评指正。由此可能造成的所有问题，由我本人承担，与他人无关。是为记。

张兴宇

2017年秋于泉城济南

图书在版编目(CIP)数据

鲁桥村 / 张兴宇著. —济南:山东大学出版社,
2017.12
(山东村落田野研究丛书 / 张士闪,李松总主编)
ISBN 978-7-5607-5915-9

Ⅰ. ①鲁… Ⅱ. ①张… Ⅲ. ①村史—枣庄
Ⅳ. ①K295.25

中国版本图书馆 CIP 数据核字(2017)第 328653 号

责任策划:傅　侃
责任编辑:陈佳意
装帧设计:牛　钧

出版发行:山东大学出版社
社　址　山东省济南市山大南路 20 号
邮　编　250100
电　话　市场部(0531)88363008
经　销:山东省新华书店
印　刷:山东华鑫天成印刷有限公司
规　格:720 毫米×1000 毫米　1/16
11.5 印张　178 千字
版　次:2017 年 12 月第 1 版
印　次:2017 年 12 月第 1 次印刷
定　价:40.00 元